JN090773

# 教職論ハンドブック

## 【改訂版】

山口健二/髙瀬 淳/今井康好/森安史彦 編著

ミネルヴァ書房

教職論ハンドブック[改訂版]　目　次

資料編

コラム

# I

## 教育実践とその理論

　第Ⅰ部では，学校での日々の教育実践がどのような理論に基づいて行われているかを示す。執筆者はいずれも十分な指導経歴をもったベテラン教員であり，その経験を踏まえた具体的・実践的な指導の指針が示されている。第Ⅰ部を読みすすめるにあたって，まず理解しておかなければならないのは，学校の教育活動の枢要な部分が学習指導要領の規定に基づいて運営されているという点である。「教育活動の指針としての学習指導要領」を第Ⅰ部の冒頭においたのは，そのためである。そこに示される学習指導要領の全体的な姿をしっかりと認識したうえで，それぞれの論考にあたってほしい。

　限られた頁数で執筆されているため，個々に見れば，言及の行き届かない部分もある。しかし第Ⅰ部で目指したのは，学校での教育活動を全体的に見渡すことができるようになることである。教員は専門的な指導能力を求められるが，それはあくまで学校教育を包括的に見渡したうえでの専門性であることを忘れてはならない。

# 教育活動の指針としての学習指導要領

▷1　各教科等とは小学校であれば，国語・算数等の各教科に加え，特別の教科道徳，外国語活動，総合的な学習の時間，特別活動を合わせて「各教科等」と呼ぶ（図Ⅰ-1参照）。

## ① 学習指導要領とは

　わが国では，全国のどの地域で教育を受けても一定の水準の教育が受けられるようにするため，各学校園で教育課程を編成する際の基準を，文部科学省が定めている。それが「**学習指導要領**」であり，すべての教育活動の基となっている。

　学習指導要領には，**学校教育法施行規則**で定められている年間授業時数等の基準に基づいて，学校種別ごとに，各教科等の目標や大まかな教育内容が規定されている。各学校は，それらを踏まえて地域や学校の実態，子どもの心身の発達段階や特性等を考慮して，特色ある教育課程を編成している。この学習指導要領は，昭和33年以来，おおむね10年ごとに改訂されているが，次期10年程の期間における社会や時代の変化を見据えて，子どもたちがこれから生きていくために必要な資質や能力を念頭において改訂が図られ，目指すべき教育の指針としての重要な役割を果たしている。

## ② 新学習指導要領に込められた思いと教育の方向性

　今回の改訂（幼稚園・小学校・中学校：平成29年，高等学校：平成30年）では，「よりよい学校教育を通じてよりよい社会を創る」という目標を学校と社会が共有し，連携・協働しながら，新しい時代に求められる資質・能力を子どもたちに育む「**社会に開かれた教育課程**」の実現を目指している。その背景には，知識・情報・技術をめぐる変化の早さが加速度的となり，情報化やグローバル化といった社会的な変化が，人間の予測を超えて進展するようになってきたことがある。こうした時代を生きていくには，これまでの学校教育の実践や蓄積を活かし，子どもたちが未来社会を切り拓くための資質・能力の一層確実な育成が求められている。

　このような教育の実現のために，人間が学ぶことの本質的な意義や強みを問い直し，これまで改訂の中心であった「何を学ぶか」という指導内容の見直しに加え，「どのように学ぶか」「何ができるようになるか」という視点から学習指導要領を改善し，分かりやすく整理された。こうした考えを実現するために，教科横断的な教育課程の編成等に重点をおいた「カリキュラム・マネジメント」の重要性が強調されている。また，「主体的・対話的で深い学び」の視点

▷2　カリキュラム・マネジメントについては本書6頁参照

に立った授業改善を行うことで，質の高い学びを実現し，児童生徒が生涯にわたって能動的に学び続けるようにすることが求められている。

## ❸ 幼児教育の方向性

9年間の義務教育を支える準備期間として教育の基礎を培う幼児教育は，**幼稚園教育要領**，保育所保育指針，幼保連携型認定こども園教育・保育要領で示されている。幼児教育で育みたい資質・能力を，現行の**幼稚園教育要領等の5領域**（「健康」,「人間関係」,「環境」,「言葉」,「表現」）を踏まえ，遊びを通した総合的な指導により一体的に育むことが求められている。小学校では教科書等の教材を使用するが，幼稚園等では，積み木や絵本，砂場のほか，自然とのふれあい全てが教材となり，そうした身近なものに幼児が主体的に関わり，学んでいく過程でものの「見方・考え方」を働かせていくようになる。それが小学校以降での各教科等における「見方・考え方」の基礎となっていく。

保育者には家庭との緊密な連携の下，小学校以降の教育や生涯にわたる学習とのつながりを見通し，幼児の自発的な活動としての環境づくりや質を高めていくことが求められている。また，自己制御や自尊心等の非認知能力の育成等，現代的な課題を踏まえた保育をさらに充実させていかなければならない。

## ❹ 学習指導要領の取扱いについて

学校では，学習指導要領の改訂に伴い一定の移行期間を経た後，新しい教科書を使っての教育が始まることになる。学校の教育活動全般において「確かな学力」「健やかな体」「豊かな心」を総合的にとらえて構造化し調和のとれた「生きる力」の育成を図るためには，改訂の基本方針を基に各教科等の指導をはじめ，様々な教育活動が求められる。その教育の拠り所となり，教育課程の基準となるのが，学習指導要領である。次頁の「各学校における教育課程の全体像」（図Ⅰ-1）を踏まえ，それぞれの教科等の具体的な内容を学んでおくことは教職に就く者にとって重要である。質の高い授業を作っていくには，何よりも意図されている内容の根幹を深く理解することが大切となる。そのために，学習指導要領だけでなく『学習指導要領解説』を，しっかりと読んで理解を深めておいてほしい。これから先，教育実習や現場での教育実践等で悩んだり迷ったりした際には，学習指導要領を手元に置いて「学びの地図」として活用してもらいたい。

（梶原　敏）

▷3 『幼稚園教育要領』は文部科学省，『保育所保育指針』は厚生労働省，『幼保連携型認定こども園教育・保育要領』は内閣府・文部科学省・厚生労働省が作成する。

▷4 非認知能力
　意欲，協調性，粘り強さ，忍耐力，計画性，自制心，創造性，コミュニケーション能力など，測定できない個人の特性による能力のこと。学力（認知能力）と対照して用いられる。

▷5 学習指導要領解説は，総則編をはじめ各教科等でまとめたものが出版されている。

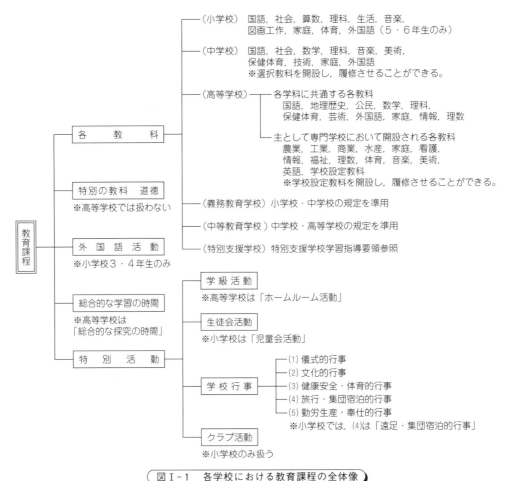

（小学校）国語，社会，算数，理科，生活，音楽，
図画工作，家庭，体育，外国語（5・6年生のみ）

（中学校）国語，社会，数学，理科，音楽，美術，
保健体育，技術，家庭，外国語
※選択教科を開設し，履修させることができる。

（高等学校）各学科に共通する各教科
国語，地理歴史，公民，数学，理科，
保健体育，芸術，外国語，家庭，情報，理数

主として専門学校において開設される各教科
農業，工業，商業，水産，家庭，看護，
情報，福祉，理数，体育，音楽，美術，
英語，学校設定教科
※学校設定教科を開設し，履修させることができる。

各　教　科

特別の教科　道徳
※高等学校では扱わない

（義務教育学校）小学校・中学校の規定を準用

（中等教育学校）中学校・高等学校の規定を準用

（特別支援学校）特別支援学校学習指導要領参照

外　国　語　活　動
※小学校3・4年生のみ

教育課程

総合的な学習の時間
※高等学校は
「総合的な探究の時間」

学級活動
※高等学校は「ホームルーム活動」

生徒会活動
※小学校は「児童会活動」

特　別　活　動

学校行事
(1) 儀式的行事
(2) 文化的行事
(3) 健康安全・体育的行事
(4) 旅行・集団宿泊的行事
(5) 勤労生産・奉仕的行事
※小学校では，(4)は「遠足・集団宿泊的行事」

クラブ活動
※小学校のみ扱う

図Ⅰ-1　各学校における教育課程の全体像

## Ⅰ　教育実践とその理論

 **2 教育課程と指導計画**

### 1 教 育 課 程

　学校における教育活動は，各学校が編成する「**教育課程**」に基づいて行われる。教育課程とは，「学校教育の目標や目的を達成するために，教育の内容を児童生徒の心身の発達に応じ，授業時数との関連において総合的に組織した各学校の教育計画◁1」である。

　その編成においては，「学校の教育目標の設定」「指導内容の組織」「授業時数の配当」の3つが基本的要素となってくる。

　各学校において学校の教育目標を設定するに当たっては，法律で定められている教育の目的や目標を基盤としながら，地域や学校の実態に即した教育目標を設定する必要がある（図Ⅰ-2参照）。

　各学校における具体的な指導内容については，学校教育法施行規則及び学習指導要領に示されている基準に従うとともに，地域や学校の実態及び児童生徒の心身の発達の段階と特性を考慮して重点化を図る必要がある。

　授業時数については，各教科等の標準授業時数が学校教育法施行規則で定められている。これを踏まえ，各学校で授業時数を決めることとなるが，指導内容との関連を考慮し，どのように組み合わせて効果的に配当するかが重要になってくる。

　以上のように，各学校において教育課程を編成するに当たっては法令等で定められた基準に従いながら，創意工夫を加えて，児童生徒や学校，地域の実態に即して編成，実施することとなる。

### 2 指 導 計 画

　「**指導計画**」とは，教育課程を具体化したものである。すなわち，指導計画は，各教科，道徳科，外国語活動（小学校のみ），総合的な学習の時間及び特別活動のそれぞれについて，学年ごとあるいは学級ごとなどに，指導目標，指導内容，指導の順序，指導方法，使用教材，指導の時間配当を定めたより具体的な計画である。

　指導計画には，図Ⅰ-3のように年間指導計画や，学期ごと，月ごと，週ごと，単位時間ごと，あるいは単元，題材，主題ごとの指導案に至るまで各種の

---

**重要項目**
教育課程
指導計画
カリキュラム・マネジメント

▷1 解説「総則編」p11,「第2章教育課程の基準　第1節 教育課程の意義」

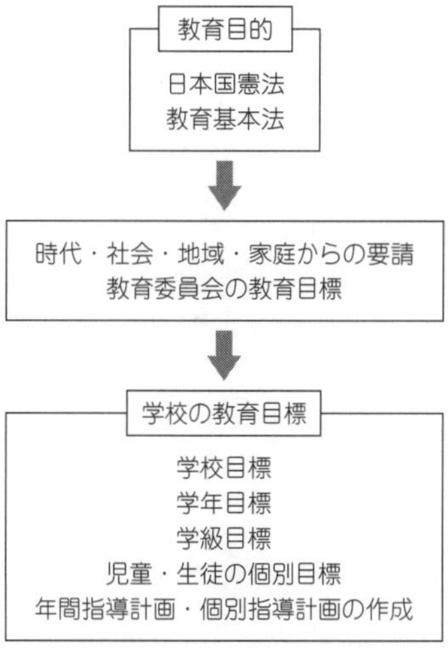

| 教育目的 |
| --- |
| 日本国憲法<br>教育基本法 |

↓

時代・社会・地域・家庭からの要請
教育委員会の教育目標

↓

| 学校の教育目標 |
| --- |
| 学校目標<br>学年目標<br>学級目標<br>児童・生徒の個別目標<br>年間指導計画・個別指導計画の作成 |

**図Ⅰ-2　教育目標の設定**

▷2 教育課程に関する法令
・教育基本法
・学校教育法
・学校教育法施行規則
・学習指導要領
・地方教育行政の組織及び運営に関する法律

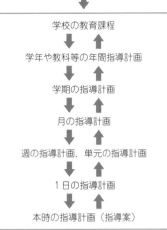

国が定める教育課程の基準
（学習指導要領）

↓

都道府県教育委員会や市町村教育委員会
が定める教育課程の方針

↓

学校の教育課程

↕

学年や教科等の年間指導計画

↕

学期の指導計画

↕

月の指導計画

↕

週の指導計画，単元の指導計画

↕

1日の指導計画

↕

本時の指導計画（指導案）

**図Ⅰ-3　指導計画**

▷3　「指導計画の作成等に
あたっての配慮事項」
ア　資質・能力を育む効果
的な指導（小・中共通）
イ　各教科等及び各学年相
互間の関連（小・中共通）
ウ　学年の目標及び内容を
2学年まとめて示した教科
等の指導計画（小のみ）
エ　合科的・関連的な指導
（小のみ）

▷4　中央教育審議会答申
「幼稚園，小学校，中学校，
高等学校及び特別支援学校
の学習指導要領等の改善及
び必要な方策について」
（平成28年12月）より

▷5　PDCA論
Plan（計画）→ Do（実施）→
Check（評価）→ Act（更新
改善）

ものがある。

　この指導計画の作成に当たっては，学習指導要領の「指導計画の作成に関する配慮事項」に留意しながら，目の前の児童生徒の現状を踏まえ，教員が創意工夫を行うことが大切である。◁3

### ③ カリキュラム・マネジメント

　各学校では，こうしてデザインし編成された教育課程を実施し，評価し改善していくことが求められる。これが「**カリキュラム・マネジメント**」である。今回の改訂の学習指導要領は，この「カリキュラム・マネジメント」を実現し，学校教育の改善・充実の好循環を生み出していくことを目指している。

　「カリキュラム・マネジメント」には，次の3つの側面が挙げられている。◁4

> ① 各教科等の教育内容を相互の関係で捉え，学校教育目標を踏まえた教科横断的な視点で，その目標の達成に必要な教育の内容を組織的に配列していくこと。
> ② 教育内容の質の向上に向けて，子どもたちの姿や地域の現状等に関する調査や各種データ等に基づき，教育課程を編成し，実施し，評価して改善を図る一連のPDCAサイクルを確立すること。
> ③ 教育内容と，教育活動に必要な人的・物的資源等を，地域等の外部の資源も含めて活用しながら効果的に組み合わせること。

　この三つの側面は，「①内容の組織的配列」「②PDCAサイクル」「③内外の資源の活用」と端的に表すことができる。「カリキュラム・マネジメント」については，これまで教育課程の在り方を不断に見直すという「②PDCAサイクル」の側面が重視されてきたが，「社会に開かれた教育課程」の実現を通じて児童生徒の資質・能力を育成するという，今回改訂の学習指導要領の理念を踏まえれば，「①内容の組織的配列」や「③内外の資源の活用」も重要であることが明示されたことになる。◁5

　「カリキュラム・マネジメント」実現に向けては，管理職だけでなく全ての教職員がその必要性を理解し，日々の授業等についても，教育課程全体の中での位置づけを意識しながら取り組む必要がある。また，各学校や地域の実態を踏まえながら効果的な年間指導計画の在り方や，授業の在り方等について，校内研修を通じて研究を重ねていくことも大切である。

　こうした組織体制のもと，これからの時代に求められる資質・能力を育むためには，各教科等における学習の充実はもとより，教科等横断的な視点に立った学習を進める必要がある。そのため，教科等の内容について「カリキュラ

ム・マネジメント」を通じて相互の関連付けや横断を図り，必要な教育内容を組織的に配列し，各教科等の内容と教育課程全体とを往還させることが重要になる。◁6

　田村（2019）によれば，◁7 先述した「カリキュラム・マネジメント」の3つの側面の中でも「①内容の組織的配列」である「カリキュラム・デザイン」がその中核を成すという。その理由は二つある。

一つ目は，学級担任や学習指導をする立場にとって，内容をいかに組織的に配列するかというデザインこそが日々の授業につながるということ。

二つ目は，内容の組織的配列というカリキュラムのデザインこそが「②PDCAサイクル」や「③内外の資源の活用」と連動していくということ。

「カリキュラム・マネジメント」は，今回改訂の学習指導要領で求められている「主体的・対話的で深い学び」を実現するためにもその充実が求められる。

　私たち教師は，自分の担当する教科を責任持って教えるのはもちろんだが，教科等の様々な教育活動の関連性，地域や社会との関連性も視野に入れながら教育課程を創造していく学びのデザイナーとしての意気込みと力をもちたいものである。

（大倉尚志）

▷6　教科等横断的な視点で育んでいく「学習の基盤となる資質・能力」の例として
・言語能力
・情報活用能力
・問題発見・解決能力
等が考えられる。

また，教科等横断的な視点で行う「現代的な諸課題に関する教育」の例として
・伝統や文化に関する教育
・主権者に関する教育
・環境に関する教育
・防災を含む安全に関する教育
等が考えられる。

▷7 田村学『「深い学び」を実現するカリキュラム・マネジメント』文渓堂，2019年，48頁。

教職員の職務と校務分掌

 **教職員の職務**

　教育基本法において学校での教育活動を担う者を，「教員」としている。ただ法令上の呼称は一貫せず，「教育職員」とされる場合も多い。また「教職員」と言及がなされることもあるが，これは事務職員なども含めた呼称である。

　教員は，法令によって異なる職務を与えられたいくつかの種類に分かれている。このうち数の上で最も多いのが，学校教育法に「児童（生徒）の教育をつかさどる」と規定されている**教諭**である。児童（生徒）の教育には，授業だけでなく，生徒指導，教育相談，学級経営，教育環境の整備，保護者とのコミュニケーションなども含まれる。すなわち，教諭は学校での教育活動の多くの部分を直接に担う。

　学校教育法 37 条は教諭の他にも，学校に配置される教員の種類と職務を規定している。それらを大別すると，「置かなければならない」と規定された職と「置くことができる」と規定された職に分かれる。小中学校では，校長，教頭，教諭，養護教諭及び事務職員を「置かなければならない」と規定されている。ただし特例もあり，「特別の事情があるとき」は，教頭，事務職員を置かないことができるとの規定もある。

　「置くことができる」とされる職は，小中学校では，副校長，主幹教諭，指導教諭，栄養教諭その他必要な職員と規定されている。こうした職は新しく設けられた職が多く，学校の実態や教育委員会の方針等をふまえて配置されている。

　**校長**は（幼稚園は園長）は全職員の統括者であり，学校業務全体に責任をもつ。学校教育法にも「校務をつかさどり，所属職員を監督する」とあり，明確に責任と権限が与えられている。副校長（幼稚園は副園長）と教頭は，校長を補佐する職務である。教頭は従来から置かれているが，副校長は教育課題に迅速かつ的確に対応できる学校組織体制の構築を図るため平成 20 年度に新設された。

　教諭の職務は「児童（生徒）の教育をつかさどる」ことであるが，それに加

えて，主幹教諭は「校長及び教頭を助け，命を受けて校務の一部を整理」すること，指導教諭は「他の職員に対して教育指導の改善及び充実のために指導及び助言を行う」ことが，職務として与えられている。主幹教諭と指導教諭も平成20年度に新設された職であり，そのねらいは学校の組織運営体制や指導体制の充実を図ることにある。

**養護教諭**の職務は「児童（生徒）の養護をつかさどる」ことであり，栄養教諭は「児童（生徒）の栄養の指導及び管理をつかさどる」ことである。事務職員は「事務をつかさどる」ことである。栄養教諭は，平成17年度に新設された職で，学校における食育の推進に重要な役割を担っている。栄養教諭の配置数は年々増加しているが，従前どおり学校栄養職員が配置されている学校や共同調理場もある。[1]

教職員はこれらの職に就いたうえで教育活動を担うわけだが，学校にはそれとは別に**主任**[2]が置かれている。これは教諭（指導教諭・養護教諭）をもって，「充てる」とされている。「充てる」とは教諭等が主任を兼ねることを意味しており，もとの教諭等の職責が変わるものではない。

主任の職務は，計画立案，連絡調整，そして他の職員への指導助言である。学校にどのような主任を置くかは学校教育法施行規則に定められている。小学校に置くものとされているのは教務主任・学年主任・保健主事である。[3]中学校の場合はこれに生徒指導主事・進路指導主事が加わる。これらの主任は担当する校務を整理する主幹教諭を置くときや，特別の事情があるときには，置かないことができるものもある。逆に，法令に規定のない主任を置く場合もある。

学校において児童生徒が成長していく上で，教員に加えて，多様な価値観や経験を持った大人と接したり，議論したりすることは，より厚みのある経験を積むことができ，「生きる力」を定着させることにつながる。そのため，「チームとしての学校」[4]が求められている。「チームとしての学校」を実現するための視点の一つとして，「専門性に基づくチーム体制の構築」がある。具体的には，心理や福祉の専門家であるスクールカウンセラー，スクールソーシャルワーカー，学校図書館の利活用促進のための学校司書，単独での引率等を行うことができる部活動指導員，医療的ケアを行う看護師などの配置を充実する取組が進められている。

## ② 校務分掌

学校には教育指導に直接かかわる活動の他にも組織全体で取り組むべき業務が多くある。これらは通常，分業体制を組んで対処される。全教職員がそれら

[1] 学校栄養職員の職務は，「学校給食の栄養に関する専門的事項をつかさどる」こととされている。なお，学校栄養職員という職名は，義務標準法（公立義務教育諸学校の学級編制及び教職員定数の標準に関する法律）で用いられている。

[2] 学校教育法施行規則第44条 小学校には，教務主任及び学年主任を置くものとする。

[3] 学校教育法施行規則第47条 小学校においては，前3条に規定する教務主任，学年主任，保健主事及び事務主任のほか，必要に応じ校務を分担する主任等を置くことができる。

[4] 中央審議会答申「チームとしての学校の在り方と今後の改善方策について」では，「校長のリーダーシップの下，（中略），教職員や学校内の多様な人材が，それぞれの専門性を生かして能力を発揮し，子供たちに必要な資質・能力を確実に身に付けさせることができる学校」の実現をめざすことが提案され，「生徒指導や特別支援教育等を充実していくために，学校や教員が心理や福祉等の専門家（専門スタッフ）や専門機関と連携・分担する体制を整備し，学校の機能を強化していくことが重要である」と指摘されている。

▷5　学校教育法施行規則
第43条　小学校において
は，調和のとれた学校運営
が行われるためにふさわし
い校務分掌の仕組みを整え
るものとする。

業務を分担する。この仕組みを**校務分掌**という。主任はその校務分掌の要としての役割を担う。さらに学校業務の複雑化，迅速な対応を背景に「チームとしての学校」を実現していくことが必要である。例えば，事務職員が学校教育法の改正で「事務をつかさどる」となり，企画委員会等のメンバーになり，積極的に学校運営に関わるようになっている。

　このように今日の学校では校長を中心に副校長，主幹教諭，指導教諭の新しい職の職員や事務職員の積極的な参画でより組織的な学校運営がなされている。

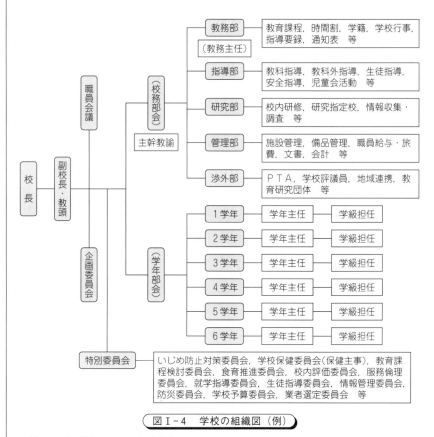

　図Ⅰ-4　学校の組織図（例）

（出所）　文部科学省ホームページより作成。

　教育活動の充実には，組織的に学校運営を行う体制整備が必要である。そのためには，一人一人の教職員が資質能力を高めつつ，自らの役割をきちんと果たし，意欲を持って学校運営に参画することが重要である。

（服部康正）

Ⅰ　教育実践とその理論

# 4 教員の研修と職務上・身分上の義務

 **求められる教員像**

教育基本法第9条第1項には，学校教育の直接の担い手である教員は，「自己の崇高な使命を深く自覚し，絶えず研究と修養に励み，その職責の遂行に努めなければならない」ことが明記されている。

求められる教員像については，次の3つの答申に具体的に示されている。

---

教育職員養成審議会答申「教員の資質能力の向上方策等について」◁1（昭和62年12月18日）

　学校教育の直接の担い手である教員の活動は，人間の心身の発達にかかわるものであり，幼児・児童・生徒の人格形成に大きな影響を及ぼすものである。このような専門職としての教員の職責にかんがみ，教員については，教育者としての使命感，人間の成長・発達についての深い理解，幼児・児童・生徒に対する教育的愛情，教科等に関する専門的知識，広く豊かな教養，そしてこれらを基盤とした実践的指導力が必要である。

---

教育職員養成審議会答申「新たな時代に向けた教員養成の改善について（第1次答申）」（平成9年7月28日）

　変化の激しい時代にあって，子どもたちに「生きる力」を育むという観点から，教員には，「地球的視野に立って行動するための資質能力」，「変化の時代を生きる社会人に求められる資質能力」，「教員の職務から必然的に求められる資質能力」が求められる。

---

中央教育審議会答申「新しい時代の義務教育を創造する」◁2（平成17年10月26日）

　信頼される教員に必要な要素として，「教職に対する強い情熱」，「教員の専門家としての確かな力量」，「総合的な人間力」を挙げている。この総合的な人間力については，「豊かな人間性や社会性，常識と教養，礼儀作法をはじめ対人関係能力，コミュニケーション能力などの人格的資質」と説明している。これらの答申に示された資質能力を確実に身に付けていくことは，変化の激しい時代に適切に対応した教育活動を行っていく上で重要なことである。

---

「教育は人なり」といわれるように，学校教育の成否は，教員の資質能力に負うところが極めて大きいといえる。教員の資質能力の向上については，日頃の教育実践や教員自身の研鑽を基本としつつ，大学等における「養成」，都道府県・指定都市教育委員会等による「採用」，そして教員になってからの「**研修**」という各段階を通じて，様々な施策が体系的に行われている。

---

**重要項目**
研修
教員等育成指標
服務
職務上の義務
身分上の義務

▷1　教育職員養成審議会とは，かつて文部省に設置されていた審議会の一つ。教員の資質能力の向上や教員養成などについて審議し，答申を行っている。

▷2　中央教育審議会は，文部科学大臣の諮問に応じて教育の振興及び生涯学習の推進を中核とした豊かな人間性を備えた創造的な人材の育成に関する重要事項を調査審議し，文部科学大臣に意見を述べることを主な所掌事務としている。中央省庁等改革の一環として，従来の中央教育審議会を母体としつつ，生涯学習審議会，理科教育及び産業教育審議会，教育課程審議会，教育職員養成審議会，大学審議会，保健体育審議会の機能を整理・統合して，平成13年1月6日付けで文部科学省に設置された。

## ② 教員の研修

　教育基本法第9条第2項において，教員については「その使命と職責の重要性にかんがみ，その身分は尊重され，待遇の適正が期せられるとともに，養成と研修の充実が図られなければならない」と規定されている。そのため，国や地方公共団体は，教員に研修の機会を適切に提供することが求められている。

　また，平成28年11月28日に教育公務員特例法の一部が改正され，すべての都道府県及び指定都市教育委員会は，地域の実情に応じて校長や教員の職責，経験及び適性に応じて向上を図るべき資質に関する指標である「**教員等育成指標**」を新たに策定した。そして，教員等育成指標を踏まえ，校長や教員の研修について，毎年度，体系的かつ効果的に実施するための計画である「研修計画」を併せて策定している。

　国レベルでは，教職員支援機構において，各地域の中核となる教職員に対する学校管理研修や喫緊の重要課題について地方公団体に先行して行う研修などが実施されている。地方公共団体レベルでは，都道府県や政令指定都市に設けられた研修機関（教育センター）などにおいて，キャリアステージごとに求める資質能力を踏まえた研修が計画的に実施されている。

　こうした研修のうち，初任者研修と中堅教諭等資質向上研修は，教育公務員特例法に基づいて都道府県教育委員会などの任命権者又は中核市の教育委員会が，対象となるすべての教員に実施することから「法定研修」と呼ばれている。

> (1)　初任者研修は，初任者に1年を通して実施するものである。教職への自覚を高めるとともに，スムーズに教育活動に携わっていくことを図る実践的な研修と位置付けられている。その内容は，初任者が所属する学校の教員の中から指定される指導教員を中心とした校内研修と，研修機関等での講義・演習や青少年教育施設等での宿泊研修を含む校外研修から構成される。
> (2)　中堅教諭等資質向上研修では，すべての教員に対して自身のキャリアデザインに関心をもたせたり組織全体に視野を拡大させたりする共通プログラムと，自身のキャリアデザインに応じて自発的に受講できる選択プログラムを用意することによって，複線型のプログラムへの円滑な移行ができるように配慮されている。

　その他，職務に応じた研修，専門の研修，教職大学院派遣などが実施されている。

　また，教員の研修は，職務研修，職専免研修及び自主研修に分けることができる。職務研修は，初任者研修や中堅教諭等資質向上研修など研修を行うこと自体が職務の遂行となるような研修である。職専免研修は，授業に支障がないことと校長の承認を受けることを条件に，勤務時間内に職務専念義務を免除されて行う研修である。自主研修は，放課後や休日など勤務時間外に自主的に行う研修である。

▷3　独立行政法人教職員支援機構（旧教員研修センター）は，従来の学校関係職員への研修実施事業に加え，調査研究機能を付加し，平成29年4月1日より新たに発足した。英語表記である「National Institute for School Teachers and Staff Development」から「N,I,T,S」の頭文字を取って，「NITS（ニッツ）」を当機構の略称としている。

▷4　研修機関として，例えば，岡山県には岡山県総合教育センターが，岡山市には岡山市教育研究研修センターが置かれ，それぞれ様々な研修講座が開催されている。

▷5　例えば，岡山県・岡山市においては，初任者研修から中堅教諭等資質向上研修までは，求める教員像を踏まえた育成指標に沿って単線型のプログラムで資質能力の向上を図る研修をすべての教員が受講し，中堅教諭等資質向上研修からは，複線型のプログラムとなるよう設計されている。すなわち，経験年数によってすべての教員が受講する研修や個々の教員が自発的に希望して受講する研修によって教員としての職能成長を支援するプログラムと，それぞれの教員の特性や意思を踏まえ，指導教諭や主幹教諭，副校長・教頭，校長などといった新たなステージでの職能成長を支援するプログラムがある。

## 3 服務規律の確保

　教員には，次世代を担う児童生徒の発達に直接関わるといった職責から，一般の国民には課されない義務や行為制限といった服務義務が生じる。**服務**とは，「公務員が勤務に服するについての在り方」であり，公立学校の教員（教育公務員）に適応される。

　そうした服務の根本基準として，地方公務員法は，すべての公務員が全体の奉仕者として「公共の利益のために勤務し，且つ，職務の遂行に当たっては，全力を挙げてこれに専念しなければならない」ことを定めている。地方公務員法の特別法である教育公務員特例法も，公立学校教員の職務を「教育を通じて国民全体に奉仕する」ことであると明記している。これらの規定は，日本国憲法第15条第2項「すべて公務員は，全体の奉仕者であって一部の奉仕者ではない」の規定を踏まえたものである。

　教員の服務には，職務を遂行する際に守るべき「**職務上の義務**」と職務遂行上であるか否かにかかわらず守るべき「**身分上の義務**」がある。

〈職務上の義務〉

① 服務義務に従うことを条例の定めるところにより宣誓しなければならない義務
② 服務を遂行するにあたって。法令（法律と命令）・条例・規則・規程に従い，かつ上司の職務上の命令に従わなければならない義務
③ 勤務時間及び職務上の注意力のすべてを職務遂行のために用い，当該地方公共団体がなすべき責を有する職務にのみ従事しなければならない義務

〈身分上の義務〉

① 職の信用を傷つけ，職全体の不名誉となるような行為をしてはならない義務（信用失墜行為の禁止）
② 職務上知り得た秘密を現職中・退職後に関わらず漏らしてはならない義務（守秘義務）
③ 政党・政治的団体への勧誘運動やそれを支持又は反対する政治的行為などをしてはならない義務（政治的行為の制限）
④ 同盟罷業（ストライキ）・怠業（サボタージュ）・その他の争議行為又は怠業行為等をしてはならない義務（争議行為等の禁止）
⑤ 任命権者の許可なしに営利企業等に従事してはならない義務（営利企業等の従事制限）

　こうした服務義務に教職員が違反した場合には，本人の故意や過失によるものとされ，懲戒処分の対象となることがある。服務の監督は，任命権者であるとされているが，市（指定都市を除く）町村立学校の県費負担教職員については，例外的に，任命権を有する都道府県教育委員会ではなく，学校の設置者である市町村教育委員会とされている（地方教育行政の組織及び運営に関する法律）。

（今井康好）

▷6　地公法公務員法は，地方公務員の任用，人事評価，給与，勤務時間その他の勤務条件，休業，分限及び懲戒，服務，退職管理，研修，福利など人事行政の根本基準を確立することにより，地方公共団体の行政の民主的かつ能率的な運営を図ることを目的とする。

▷7　教育公務員特例法は，教育を通じて国民全体に奉仕する教育公務員の職務とその責任の特殊性に基づき，教育公務員の任免，給与，分限，懲戒，服務及び研修等について規定している。

▷8　懲戒処分として，戒告，減給，停職，免職がある。懲戒は，①地方公務員法若しくは教育公務員特例法又はこれに基づく条例，地方公共団体の規則若しくは地方公共団体の機関の定める規程に違反した場合，②職務上の義務に違反し，又は職務を怠った場合，③全体の奉仕者たるにふさわしくない非行のあった場合に，任命権者により行われる処分のことである。

▷9　地方教育行政の組織及び運営に関する法律は，教育委員会の設置，学校その他の教育機関の職員の身分取扱その他地方公共団体における教育行政の組織及び運営の基本を定めることを目的とする。

# コラム 1　学校における働き方改革

**重要項目**：同僚性　協働性　専門性

## 1　背景と目的

　教職の魅力は，児童生徒とともに学び，ともに成長していくことができることである。ポスト情報社会（Society5.0）を生きる児童生徒には主体性・協働性・創造性などの資質能力が求められ，学校教育も児童生徒が将来幸せな人生を生きる力を育成することを目指している。

　学校における働き方改革の目的は，教師のこれまでの働き方を見直し，自らの授業を磨くとともに日々の生活の質や教職人生を豊かにすることで，自らの人間性や創造性を高め，児童生徒に対して効果的な教育活動を行うことができるようになることである。

## 2　働き方改革を実現するために

　働き方改革を実現するためには，教職員同士お互いを尊重し支え合うことができる**同僚性**や，組織の力を結集してチーム力を発揮する**協働性**の向上が大切である。また，多様な教職員の**専門性**や高度情報技術（ICT/AI）を生かした学校運営組織の構築も不可欠である。

　こうした組織文化が，「児童生徒と向き合う時間を確保すること」「新しい教育を創造する時間を確保すること」「心身をリフレッシュする時間を確保すること」の基盤となる。

## 3　学校における取り組み

　働き方改革は，学校だけでなく，公立学校を所管する教育委員会にとっても，喫緊の課題である。取り組み例として次のようなものがある。

---

①教職員の時間に対する意識向上に向けた時間管理の徹底
　「定時退校日」，「最終退校時刻」，長期休業中の「学校閉庁日」の設定

②教員の授業準備等の時間確保　「教材データ等の共有」，「板書型指導案の活用」

③教職員・生徒の健康管理のための部活動休養日の徹底　「部活動休養日」週2日以上

④教員の子供と向き合う時間の確保のための事務業務の軽減　「校務分掌の工夫」等

---

　また，「学校行事の見直し」「会議の精選」「書類の整理・整頓」「休暇の積極的な取得」「外部人材の活用」などの工夫[◁1]もなされている。

　さらに，スクールカウンセラーやスクールソーシャルワーカーによる専門的な児童生徒支援と保護者支援や，部活動指導員や業務アシスタントの配置などにより，教職員の業務は改善されてきている。

▷1　具体例として，ICTの活用やタイムカードなどの導入により勤務時間を客観的に把握・集計するシステムの構築，教職員が自分で退庁時間を設定し黒板に表示し，職場の同僚からの声かけがし易い環境作り，教職員が確実に休日を確保するための週休日の振替期間の延長や学校閉庁日増設等の工夫の実施，留守番電話の設置等を取り入れ，時間外勤務を増やさない学校も増えてきている。

　また，家庭訪問の取りやめ，宿泊学習の日数の削減等行事の精選，ボランティアの導入等で教職員の業務削減を図ってきている。

参考文献
中央教育審議会答申『新しい時代の教育に向けた持続可能な学校指導・運営体制の構築のための学校における働き方改革に関する総合的な方策について』2019.
岡山県教育庁教職員課『岡山県教育委員会働き方改革プラン』2017.
岡山県教育庁教職員課『活力ある職場づくりⅡ』2018.
（服部康正）

# コラム 2 教職員のコンプライアンス

**重要項目**：コンプライアンス　信頼

### 1　コンプライアンスとは

**コンプライアンス**は，「法令順守」と訳されることが多いが，それだけで捉えると，「不適切な部分はあるが，法令違反はしていません」という意識や行動に繋がる恐れがある。

コンプライアンスを**「信頼されること」**という意味で捉え，相手の信頼を得る行動，社会的に正しく，公平・公正で誠実な行動をとることが大切である。また，それを判断するのは自分ではなく，相手であり，社会である。理由を聞かれてきちんと説明できないことは，コンプライアンス違反と解釈すべきである。

コンプライアンスには，「柔軟さ」といった意味もある。個人，組織，社会が，コンプライアンスについてあまり厳しく考えると，とても息が苦しく，だからと言ってルーズにしていると，ついには破綻してしまう。

「相手から，社会から，信頼される行動」とはどのようなものか，時代の変化も意識しながら繰り返し考えていくことで，コンプライアンス（柔軟な意識・行動による法令順守）につなげていくことが大切である。

### 2　知識から意識へ

教師が修学旅行の様子を伝えようと，自分のスマートフォンで生徒と一緒に写った写真を SNS にアップした場面を想定してみよう。

楽しかった様子を伝えるつもりが，「教師が修学旅行中に遊んでいるぞ！」と地域の方から勤務校に連絡があることも考えられる。教育活動に係る情報発信に当たって無用の誤解を招かないためには，適切な表現に加えて，学校ホームページなどの適切なツールを使う必要がある。

さらに，「守秘義務」「職務専念義務」「SNS の公開範囲の確認」などの知識を持っているか，また「SNS は不特定多数の人が，先入観なく読む可能性があり，急速に拡散してしまう危険性があること」「人権やプライバシー，著作権などを侵害してしまう恐れがあること」などを意識しているか，考えてみよう。

児童生徒のためにと思って行動したことが，必要な知識を持っていない，あるいは不適切な部分はないかという意識を常に持っていないと，一瞬にして信頼関係が失われる場合がある。コンプライアンスについては，知識をもつだけでなく，意識を高めていくことが何よりも大切である。

参考文献
岡山県教育委員会『教職員の不祥事防止に向けた新たな研修プログラム』2019 年。

（今井康好）

#  子どもの発育発達

## 1 子どもの発育発達とその特徴

　子どもの特徴は発育し，発達することである。一般的に発育（成長）は身長，体重などの量的なもの，発達は言語や運動などの機能的なものを指すが，発育することに伴い機能が備わってくることもあるため完全に区別することは難しい。子どもの発育に伴う区分としては，年齢に応じて乳児期（生まれてから1歳まで），幼児期（1歳から小学校入学まで），学童期（小学校入学から卒業まで）が使われることが多く，思春期は年齢ではなく，第二次性徴の始まりから完成までの機能的な発達の区分である。発育発達は**個人差**が大きく，特に機能面ではその傾向が強いが，子どもは常に成長しているため，今日できないことが明日はできるようになる可能性がある。発育は主に直線状であるのに対し，機能的な発達は階段状であり，ある事柄が徐々にできるようになるというよりは，ある段階で急にできるようになることが多い。

　身体発育の特徴として，文部科学省の学校保健統計調査[1]によると，平成12年ごろまでは身長，体重とも上昇傾向がみられたが（発育加速現象[2]），近年では横ばい，または低下傾向となっている。また，体重については昭和40年代から肥満傾向児の増加が問題となり現在まで続いている一方で，近年では痩せの増加も注目されている。運動機能についても，スポーツ庁（調査開始時は文部省）は昭和39年より体力・運動能力調査を実施しているが，昭和60年代をピークとして体力，運動能力ともに低下傾向にある。これらに対し，学校や地域において体力・運動能力の改善に取り組み，徐々に改善傾向が見られているところもあるが，全体としては，運動機会が少なく体力が低下している子どもと，スポーツクラブや運動部に所属し運動能力が高い子どもの二極化が起こっている。また，発育発達上の課題として，体格の向上に比較して運動機能（動作）の獲得時期が遅くなり，同じ動作ができるようになる年齢が引き上げられていることが挙げられる。その中でも，転びやすい，スキップができないなど，自己防衛のための動作や協調運動[3]など複雑な運動機能が発達しにくい傾向があり，これらの要因としては，生活リズムを含めた生活習慣の影響が大きいとされており，乳幼児期からの規則正しい生活が発育発達のためにも重要である。

▷1　この調査は学校における児童生徒の発育及び健康の状態を明らかにすることを目的に，明治33年，当時の文部省により「生徒児童身体検査統計」として調査が開始され，昭和23に「学校衛生統計」，昭和35年に「学校保健統計調査」と名称が変更になった。

▷2　出生後の子どもが成人になるまでの期間が短くなっていく一種の早熟現象で，身長の伸びが大きくなり，初潮年齢が早くなるなどが見られる。原因としては栄養状態の改善や，社会環境の変化などが考えられる。

▷3　協調運動とは，複数の筋肉が相互に調整を保ちながら活動することによってできる滑らかで正確な運動である。

## ② 発育発達に影響する要因

　子どもの発育発達は**遺伝**や**環境**など多くの要因の影響を受けている。例えば，児童生徒の身長に最も大きな影響を与えるのは両親の身長，つまり遺伝であるが，睡眠や栄養，運動などの成長を促す環境要因の影響も少なくないなど，発育発達は遺伝と環境の相互作用によって引き起こされるものである。近年，身長の上昇傾向が見られなくなった背景には，夜型生活による睡眠時間の短縮や偏った食生活，運動不足など生活習慣の変化などの環境要因が影響している可能性が考えられる。表I-1に発育発達に影響する主な要因と，発育へ及ぼす影響の例を示した。子どもは生まれながらに「育つ力」を持っているが，周りの環境によってより良く育つことができる。子どもの発育発達はその時点のみならず，**生涯を見通した育ち**であるべきであり，そのためには，一人一人の子どもに応じた環境を周りが整えることが重要である。

表I-1　発育発達に影響する要因とその影響の例

| 要　因 | | 発育発達への影響 |
|---|---|---|
| 遺　伝 | | ・両親の身長が子どもの身長に影響する◁4<br>・一卵性双生児は別々に育っても体格が似る<br>・第二次性徴の時期は両親（同性）と同様の傾向がある |
| 環境 | 睡　眠◁5 | ・睡眠時間が短い，眠りが浅いなどの睡眠不足は成長を妨げる |
| | 栄　養 | ・栄養状態，特に身体や骨を作る蛋白質，カルシウムの摂取状況は成長に影響する<br>・極端な栄養不足は知能や情緒にも影響する |
| | メディア接触 | ・乳幼児期のメディア接触時間が長いほど，言語発達が遅れる（視聴内容も関係あり）◁6<br>・小・中学生の過剰なメディア接触は注意，睡眠，学業，知識などに悪影響を及ぼす |
| | 心理的ストレス | ・周囲からの愛情不足（虐待など）などの心理的ストレスは成長を妨げる |
| | 季　節 | ・身長増加は春から夏にかけて大きく，体重増加は秋から冬にかけて大きい |

## ③ 発育の評価とその活用

　発育発達には個人差があるものの，適切な支援を行うためには，現在の状況を把握し評価することが必要である。発育に関しては，学校保健統計調査結果を元に，同年齢の平均と比較する方法が従来から行われており，児童生徒の現在の身長等が集団の中でどの位置にあるかについて，パーセンタイル◁7を用いて示されている。また，身長と体重から算出する肥満度◁8については，基準値を定め，それを元に区分している。平均値，基準値を基にした評価は簡便でわかりやすい一方で，個人差や個人の発育の経過を考慮することができない。例えば，小学校1年生では1年間に約5cm身長が伸びるため，同じ学年の児童でも4月生まれと3月生まれでは身長に差が生じる可能性があり，この影響は年齢が

▷4　両親の身長から子どもの最終的な身長を計算式より予測することが可能であり，およそ数cmの範囲内に入る（病気や極端な生活習慣により例外はあり）。

▷5　身長の伸びには成長ホルモンが大きく関与している。成長ホルモンは睡眠時に最も多く分泌されるため，睡眠時間が短く，ぐっすり眠れていないなど，睡眠の質・量ともに身長の伸びへの影響が大きい。

▷6　乳幼児期ではメディア視聴時間が多いほど，理解できる語彙，身振りの種類が少なく，外遊びや絵本の読み聞かせなどにより改善が見られ，メディア視聴内容では子ども向け情報・教育番組の方が良い影響が見られる。

▷7　データを小さい順に並べたときにその値がどこに位置付くかを示すもので，例えば最小値から数えて50%に位置する値を50パーセンタイルとしている。

▷8　肥満度は，性別・年齢別・身長別の標準体重に対して現在の体重の割合を以下の式で算出している。
肥満度＝（実測体重−標準体重）／標準体重×100（％）
成長に伴い（特に二次性徴），男女で体格が異なってくるため，年齢，性，身長ごとに標準体重を定めている。
〈基準〉
幼児
　15％以上　太りぎみ
　20％以上　やや太りすぎ
　30％以上　太りすぎ
学童
　20％以上　軽度肥満
　30％以上　中等度肥満
　50％以上　高度肥満

▷9　成長曲線から把握できる状態として，生活習慣の乱れ（睡眠不足，運動不足，栄養過多など），神経性食思不振症，成長ホルモンの分泌の異常（成長ホルモン分泌不全，脳腫瘍，思春期早発症など），いじめや虐待などの精神的ストレスなど多岐にわたる。

低いほど大きい。また，「肥満度19％」は肥満傾向ではないが，これまでの身体計測で肥満度10％であった児童が19％になった場合は注意が必要であり，逆に25％であった児童では生活改善の結果と同じ数値でも意味することは異なる。また，身体計測値は健康状態や栄養状態だけでなく，生活の状況や場合によっては心の状態を反映することもあるため，個人の変化を把握することができる成長曲線を作成することが推奨されている。成長曲線は，学校保健統計調査結果をもとに作成された標準成長曲線に対し，個人がどのように成長しているかを生年月日も考慮しながら示すことができるものである。図Ⅰ-5に小学校6年生のある女子児童の成長曲線を示した。この児童は4年生までは標準成長曲線に沿って身長が順調に伸びているが，5年生の途中から身長の伸びが止まり，一方で体重は大きな変動を示している。この児童はいじめを受けるようになり，精神的なストレスから成長ホルモンの分泌が低下し，発育への影響が出ているものである。このように成長曲線を作成することで，個々の児童の成長の変化を把握することができ，生活リズムの乱れや心身の不調の発見の契機となる可能性がある。▷9

　発育発達は遺伝因子と環境要因が複雑に相互作用した結果が現れてくるものであるが，遺伝要因の影響は変化として現れることが少なく，児童生徒に見られる発育の変動は環境因子によることが多い。そのため，普段からの児童生徒の様子に加え，成長曲線などを通して児童生徒の変化に気づくと同時に，その状況を正確に評価し，適切に支援，対応できる力を身につけることが重要である。

（三村由香里）

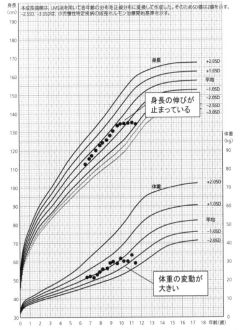

図Ⅰ-5　女子児童の成長曲線

Ⅰ　教育実践とその理論

 学校保健・危機管理

 学校保健とは

　学校保健とは，児童生徒等の**心身の健康を保持増進**し，**健康で安全な学校生活**を送ることができるよう配慮し，生涯にわたって健康な生活を実践できる能力の育成を目指して，学校で行われる活動全体を総括した言葉である。学校においては，「心身ともに健康な国民の育成◁1」という教育の目的を実現するために，児童生徒等の健康・安全を学校教育の基盤としてとらえ，学校保健を重視した学校経営が推進されている。活動内容を表す場合は，保健教育と保健管理の2つの領域に大別して示されることが多い。

　「保健管理」は，主として児童生徒等の健康・安全を保障する活動である。**学校保健安全法◁2**に基づいて行われる活動には，学習環境の点検及び改善，感染症対策，健康診断，健康観察，救急処置，保健指導，健康相談など，児童生徒が健康で安全に学校生活を送るための条件整備となる活動と，健康上の課題に応じた指導や支援がある。その他児童生徒の健康状態を考慮した時間割の編成や食事・遊びのコントロール等も保健管理の一つである。

　「保健教育」は，学習指導要領総則第1の2(3)◁3に基づき，健康な生活に必要な知識や能力の育成を目指して，教科や特別活動など学校の教育活動全体を通して行う活動である。すなわち，体育・保健体育等において「知識を習得する学習活動」「習得した知識を活用する学習活動」によって，意思決定や行動選択を行い，適切に実践するための思考力・判断力を育成することに加えて，特別活動等を中心に教育活動全体を通じて，身近な生活における健康課題に適切に対処し，生涯を通じて健康を目指した生活が実践できるようにしていく。

　実際には，保健管理と保健教育は，切り分けて考えられるものでなく，保健管理と保健教育を関連付けて展開することで，児童生徒等の健康を育んでいる。例えば，学級担任が授業開始前の日常点検で衛生上の異常に気付いた場合は，直ちに改善するとともに，なぜ異常が発生したのか？　再発防止策について，児童生徒等自身が考える活動を取り入れ，児童生徒等が健康的な環境づくりを実現する力を育てている。その他にも健康観察や健康診断などは，単に傷病等を明らかにしようとするのではなく，児童生徒等の健康に対する興味関心を高める教育活動として展開されている。

**重要項目**
心身の健康の保持増進
健康で安全な学校生活
学校保健安全法
学校保健計画
危険等発生時対処要領

▷1　教育基本法（教育の目的）第一条　教育は，人格の完成を目指し，平和で民主的な国家及び社会の形成者として必要な資質を備えた心身ともに健康な国民の育成を期して行われなければならない。

▷2　学校保健安全法（目的）第一条　この法律は，学校における児童生徒等及び職員の健康の保持増進を図るため，学校における保健管理に関し必要な事項を定めるとともに，学校における教育活動が安全な環境において実施され，児童生徒等の安全の確保が図られるよう，学校における安全管理に関し必要な事項を定め，もつて学校教育の円滑な実施とその成果の確保に資することを目的とする。

▷3　小学校学習指導要領総則第一章第1の2の(3)には，学校における体育・健康に関する指導を，学校の教育活動全体を通じて適切に行うことについて示されている。

## ② 学校保健における教職員の役割

　児童生徒等の健康を守り育てる学校保健の活動もまた組織的に行われる必要がある。全ての教職員が，当該校の学校保健に関する課題と課題解決のための目標を共有し，学校保健活動を展開する。ここでは主な教職員の役割を示す。

　校長は，学校保健においてもその総括責任者としての立場である。

　保健主事[4]は，学校保健活動全体の「企画・調整」「学級担任等への指導・助言」を行う教員である。保健主事は，学校保健と学校教育全体との調整を行い，学校保健活動が円滑に実施されるよう，**学校保健計画策定**を進める。学校保健計画に基づき，保管管理と保健教育の適切な実施を推進するとともに，その活動の評価を行う。すなわち，保健主事は学校保健活動を展開していく上で，リーダーシップを発揮していく教員であり，当該学校に必要で明確な学校保健目標を定め，全教職員の役割を検討する必要がある。

　養護教諭は，保健主事と協働した上で，学校保健活動の全体を掌握し，学校のニーズに合わせた学校保健計画策定に参画する。同時に学校保健の方針を理解して，保健管理と保健教育を展開・推進していく。

　教諭（学級担任等）は，児童生徒等の健康を直接的に預かっており，その役割は大きい。児童生徒等の健康・安全に十分に配慮した教育活動を展開するとともに，常に児童生徒等の健康状況を把握し，必要な教育的措置をとる。健康上の配慮や支援が必要な児童生徒等に対しては，養護教諭や学校医，学校歯科医，学校薬剤師と連絡し，健康相談を受けさせるなど適切な措置が求められる。また，教室の衛生と安全の確保に努めると同時に，休憩時間等教育課程外における生活の安全確保も重要となる。さらに学校保健計画に基づく保健教育を実施し，児童生徒等が健康な生活を実践できる力を育てる役割をもつ。

　教諭（保健体育科）は，保健教育の中心となる教科を担当する。保健主事，養護教諭と協働して，教科学習の関連を図り，学校保健計画策定に参画する。また保健教育の実施にあたり，学級担任等への情報提供や助言・支援を行う。

　栄養教諭は，肥満やアレルギー等食に関連する健康相談や保健指導にあたる他，学校保健計画と食に関する指導に係る全体計画の関連を図り，食に関する指導の推進を図る。

　学校医・学校歯科医・学校薬剤師[5]は，学校保健計画の立案や学校環境衛生の維持及び改善，健康相談，保健指導，健康診断，疾病の予防処置，感染症や食中毒予防への指導・助言等，保健管理に関する専門的指導を行う。

　事務職員は，施設・設備の管理，備品等の購入など，学校保健活動を進めていく上での必要な経費等について，助言を行う。

　個別の健康課題への対応にあたっては，児童生徒等の心のケア，教職員・保護者等への助言・援助等を行うスクールカウンセラーや社会福祉等の側面から

▷4　学校教育法施行規則第45条　小学校においては，保健主事を置くものとする。
三　保健主事は，指導教諭，教諭又は養護教諭をもって，これに充てる。
四　保健主事は，校長の監督を受け，小学校における保健に関する事項の管理に当たる。

▷5　学校保健安全法（学校医，学校歯科医及び学校薬剤師）第23条　学校には，学校医を置くものとする。
二　大学以外の学校には，学校歯科医及び学校薬剤師を置くものとする。

児童生徒が置かれた様々な環境へ働きかけ，関係機関等とのネットワークを活用し，支援を行うスクールソーシャルワーカー等との連携も必要となる。

## ③ 学校保健と危機管理

保健管理として，児童生徒等の健康と安全を保障する取り組みが重要であることを述べたが，「危機管理」もその一つである。学校における危機管理は，危機を未然に防止し，可能な限り危険を回避する（リスク・マネジメント）と，危機発生後の危機管理（クライシス・マネジメント）の側面から考えることができる。さらに事前の危機管理，事故発生直後の危機管理，事故発生から一定の時間が過ぎてからの危機管理の３つに分けてより具体的な活動を準備しておきたい。

事前の危機管理については，事故等の発生を予防する観点から，体制整備や点検，避難訓練，職員研修，保健教育，安全教育等がこれにあたる。

事故発生直後の危機管理については，事故等が発生した際に被害を最小限に抑える観点から，様々な事故等への具体的な対応について，基本的な事項に加えて，事故の種別に応じて個別に備えておく必要がある。アレルギー疾患への対応，学校事故（けが・熱中症等）への対応等児童生徒等の健康状態にかかる事項や気象災害，地震・津波への対応等自然災害にかかる事項，不審者侵入，登下校時の緊急事態等犯罪被害にかかる事項等危機は多岐にわたる。当該学校で起こり得る危機を予測してその対応を準備しておくことが重要になる。

事故発生直後の緊急的対応の後，安否確認や引き渡しの方法についても考えておく必要がある。さらに，一定の期間が過ぎると復旧・復興する観点から日常生活を取り戻すまでの見通し（救命避難期，生命確保期，生活確保期，学校機能再開期，日常生活の回復）を考えておく必要がある。また，非常災害時の心のケアが効果的に行われるためには，日常的な教育相談や健康相談が円滑に運営されていることが重要となる。事故発生の経緯を調査し，情報を整理検証することで，再発防止に向けた方策を検討する必要がある。

学校保健安全法第 29 条[6]には，**危険等発生時対処要領**（危機管理マニュアル）の策定を位置付けており，事故が発生した際の具体的な手順について，全ての教職員が適切に動けるような訓練の実施を定めている。各学校において，起こり得る事故を予測し，できる限り事故防止の策を講じると同時に，万一，事故等が発生した場合についての「事故発生直後から児童生徒等の心身の回復に至るまでの手順」や，実際の動きを確認する研修等により，危機管理マニュアルの改善が図られている。

（上村弘子）

▷6 学校保健安全法（危険等発生時対処要領等）第 29 条
　学校においては，児童生徒等の安全の確保を図るため，当該学校の実情に応じて，危険等発生時において，当該学校の職員がとるべき措置の具体的内容及び手順を定めた対処要領（事項に置いて「危険等発生時対処要領」という。）を作成するものとする。
二　校長は，危険発生時対処要領の職員に対する周知，訓練の実施その他の危険等発生時において，職員が適切に対処するために必要な措置を講じるものとする。
三　学校においては，事故等により児童生徒等に危害が生じた場合において，当該児童生徒等及び当該事故により心理的外傷その他の心身の健康に対する影響を受けた当該児童生徒等その他の関係者の心身の健康を回復させるため，これらの者に対して必要な支援を行うものとする。この場合においては，第 10 条を準用する。

健康教育・安全教育

▷1　健康を権利ととらえる概念は，1966 年に第 21 回国連総会が採択し，1976 年に発効した「国際人権条約」の社会権規約（経済的，社会的及び文化的権利に関する国際規約）などにおいて明確に規定されている。

▷2　ヘルスプロモーションは，世界保健機関により「人々が自らの健康とその決定要因をコントロールし改善できるようにするプロセス」と定義されている。

## 1　基本的人権としての健康

　一般的に健康は，身体の機能，構造及び器官などが異常をきたしていない状態と理解されている。しかし，身体上の異常が本人の意志とは無関係に発生することから，世界保健機構（WHO）は，健康について，単に疾病や虚弱といった問題を抱えていないということではなく，身体的，精神的及び社会的な側面のすべてにおいて「良好な状態」にあることと定義している。「良好な状態」とは，自らを取り巻く諸環境にうまく適応していることを含めて，漸進的に，生活全体が満足できる状態に向かっていることをあらわしている。つまり，健康は，安全，食料，持続可能な資源，社会正義など，人間らしく暮らしていくために必要不可欠な条件である幸福（well-being）にまで及ぶものであり，すべての人が，人種，宗教，政治的信条，経済的・社会的状況等によって差別されることなく，可能な限り高い水準で享受することのできる基本的人権の一つととらえられている。[1]

　そのため，健康教育も，すべての人が，身体的，精神的及び社会的に「良好な状態」を実現していくために必要な資質・能力を向上させていく営みと性格づけられ，健康の保持・増進を目的とした様々な働きかけ全般を包括したものとされる。そこでは，**ヘルスプロモーション**[2]の考え方に基づき，健康が日々の暮らしにおける資源の一つと位置づけられ，個人の健康改善にかかる知識・技能の習得だけでなく，健康に関する公共政策の立案，健康を支援する環境の創出，コミュニティ活動の強化などに関わっていく行動の変容を支援していくことが重要とされている。

## 2　学校における健康教育・安全教育

　このような健康教育は，教育基本法第 3 条に定められた「生涯にわたって，あらゆる機会に，あらゆる場所において学修することができ，その成果を適切に生かすことができる社会の実現が図らなければならない」といった生涯学習の理念と合致する。したがって，生涯学習を行うために必要な能力や自ら学ぶ意欲・態度を育てる学校には，児童・生徒が，健康に関する基礎的な知識・技能を身に付けることに加えて，健康それ自体を目的とするのではなく，コミュニティ等での健康にかかる意思形成・決定に参加するなど，積極的に健康な生

活を実践していこうとする力の育成が期待されている。実際，学校教育法第
21 条においても，義務教育として行われる普通教育の目標の一つとして，「健
康，安全で幸福な生活のために必要な習慣を養うとともに，運動を通じて体力
を養い，心身の調和的発達を図ること」が掲げられている。

　近年，生活環境や社会環境の急激な変化に伴って，学校生活においても，生
活習慣の乱れによる体力・学習意欲等の低下，いじめ・不登校・児童虐待など
のメンタルヘルスに関する問題，アレルギー疾患，性の問題行動，喫煙・飲
酒・薬物乱用，感染症など様々な健康課題が顕在化している。特に，ICT を
基盤とした情報化の進展により，児童・生徒が多様な情報に容易にアクセスで
きるようになっている点を踏まえ，科学的根拠に基づいた質の高い知識を伝え
るとともに，必要に応じて適切に情報を収集し，自らの意思決定や行動選択に
生かしていくことを目指した教育の推進が喫緊の課題となっている。

　こうした状況を踏まえ，中央教育審議会は，2016 年にとりまとめた「幼稚
園，小学校，中学校，高等学校及び特別支援学校の学習指導要領の改善及び必
要な方策等について（答申）」において，**現代的な諸課題に対応して求められ
る資質・能力**」の一つとして「健康・安全・食に関する力」を設定し，その具
体的な内容を次のように整理・提示した。

　　ア．様々な健康課題，自然災害や事件・事故等の危険性，健康・安全で安
　　　　心な社会づくりの意義を理解し，健康で安全な生活を実現するために
　　　　必要な知識や技能を身に付ける（知識・技能）

　　イ．自らの健康や安全の状況を適切に評価するとともに，必要な情報を収
　　　　集し，健康で安全な生活を実現するために何が必要かを考え，適切に
　　　　意思決定し，それを表す力を身に付ける（思考力・判断力・表現力等）

　　ウ．健康や安全に関する様々な課題に関心を持ち，主体的に，自他の健康
　　　　で安全な生活を実現しようとしたり，健康・安全で安心な社会づくり
　　　　に貢献しようとしたりする態度を身に付ける（学びに向かう力・人間性
　　　　等）

　さらに，この答申を受けて 2017・2018 年に告示された学習指導要領は，豊
かな人生の実現や災害等を乗り越えて次代の社会を形成することに向けた「現
代的な諸課題に対応して求められる資質・能力」を**教科等横断的な視点**に立っ
て育成していく方針を明らかにし，各学校が，児童・生徒の発達段階や学校・
地域の実態等を考慮しながら，それぞれの特色を生かした目標や指導の重点を
計画し，教育課程の編成・実施を図ることとしている。このことは，「現代的
な諸課題に対応して求められる資質・能力」が，特定の教科や領域ではなく，
学校の教育活動全体を通じて育成されることをあらわしている。そのため，現
代的な諸課題に対応して設定された**「心身の健康の保持増進に関する教育」**
「食に関する教育」**「防災を含む安全に関する教育」**などについては，その目標

に則して，各教科や領域の教育内容を相互に関連づけながらひとつの体系的・総合的なまとまりとして再構成されることになる。

　たとえば，「防災を含む安全に関する教育」は，児童・生徒が「日常生活全般における安全確保のために必要な事項を実践的に理解し，自他の生命尊重を基盤として，生涯を通じて安全な生活を送る基礎を培うとともに，進んで安全で安心な社会づくりに参加し貢献できるような資質・能力を育成すること」を目標とし，日常生活で起こる事件・事故に関する「生活安全」，交通場面における危険，安全及び事故防止に関する「交通安全」，自然災害・火災・原子力災害等に関する「災害安全（防災）」について学習するものとされる。その効果的な実施のためには，保健体育科，技術・家庭科，理科，社会科，道徳科，特別活動及び総合的な学習の時間をはじめとした各教科や領域等の間で，内容と指導方法の結びつきを強めていくことが意図されなければならず，それぞれの教科や領域の本来の目的・特質を阻害しないように努めることや，家庭や地域社会との連携を図りながら，日常生活における適切な行動を継続していけるように支援・促進していくことが重要である。

### ③ 学校全体で取り組む健康教育・安全教育

　このような教育課程の編成及び実施に当たっては，学校保健計画，学校安全計画，食に関する指導の全体計画，いじめの防止等のための対策に関する基本的な方針など，各分野における学校の全体計画等と関連づけながら，効果的な指導が行われるように留意しなければならない。そのためには，各学校が設定する教育目標を踏まえて，学校を取り巻く内外環境の実態を把握・分析し，それに基づいた教育課程を編成するとともに，実施状況を適切に評価・改善していくカリキュラム・マネジメントの確立が求められる。カリキュラム・マネジメントは，教育課程それ自体だけでなく，教育に必要な人的・物的な体制の確保やその改善までを含むものであり，各学校が編成する教育課程を中心として，教育活動や組織運営など，学校の全体的な在り方を継続的に見直していくことにつながる。これより，各学校の教職員，児童・生徒及び保護者・地域住民が，「心身の健康の保持増進に関する教育」「食に関する教育」「防災を含む安全に関する教育」の目標やその実現に向けた学校全体としての取組の重要性に共感し，協働しながら展開していくことのできる教育課程の実現が期待されている。

（髙瀬　淳）

▷3　文部科学省（2019年）「生きる力」をはぐくむ学校での安全教育　このほか，学校における健康教育にあたっては，文部科学省が同時期に作成した，改訂「生きる力」をはぐくむ小学校保健教育の手引き，食に関する指導の手引き（第二次改訂版）が参考になる。

▷4　学習指導要領解説（総則編）は，「心身の健康の保持増進に関する教育」「食に関する教育」「防災を含む安全に関する教育」など「現代的な諸課題に対応して求められる資質・能力」の育成に関連する各教科等の内容のうち，主要なものを抜粋し，通覧性を高めた付録を掲載している。

# コラム 3 防 災 教 育

**重要項目**：防災教育　安全教育　「釜石の奇跡」

## 1　防災教育のねらい

　近年「何十年に一度，何百年に一度」「史上類を見ない，想定外の……」といわれる自然災害が頻発し，**防災教育**の必要性が一層高まっている。学校における防災教育は様々な危険から児童生徒等の安全を確保するために行われる**安全教育**の一部をなすもので，その目標に準じて，次の3つにまとめられる。[1]

① 現状，原因及び減災等について理解を深め，的確な思考・判断に基づく適切な意志決定や行動選択ができる。　　　　　　（知識，思考・判断）

② 危険を理解・予測し，安全を確保するための行動ができるとともに，日常的な備えができる。　　　　　　　（危険予測，主体的な行動）

③ 安全で安心な社会づくりの重要性を認識して，学校，家庭及び地域社会の安全活動に進んで参加・協力し，貢献できる。　　　　　　（社会貢献，支援者の基盤）

　防災教育の推進にあたっては，児童生徒等の発達段階に応じ，全教科等での指導の機会を生かし，教育活動全体を通じた展開が必要とされる。

## 2　子どもたちの安全を守るために

　平成23年3月に発生した東日本大震災では多数の人命が失われ甚大な被害が発生した。その中で「**釜石の奇跡**」として報道された防災教育の取り組みがある。

　歴史上何度も繰り返された津波災害を想定した避難訓練を8年間重ねてきた岩手県釜石市内の小中学校では，全児童生徒約3千人が即座に避難し，生存率99.8％であった。そして，その防災教育を受けてきた児童生徒等は，状況を適切に判断し，二次避難場所への移動や自分より弱い立場にある人々への支援を行い，家族や地域全体の安全に大きく貢献した。

　学校における防災教育の推進は，学校管理下にある児童生徒等の安全を確保するだけでなく，様々な場面・状況下でも家族・地域の生命を守るばかりか「将来の生命」を守ることに繋がる。私たち教師は学校教育を糸口として，積極的に家庭や地域に働きかけ，大きなネットワークとして推進する防災・減災教育に取り組み，「釜石の奇跡」が奇跡でなくなるように尽力していく必要がある。

▷1　「学校防災のための参考資料「生きる力」を育む防災教育の展開」平成25年3月改訂版発行，文部科学省.

（内藤憲二）

## コラム 4　SDGs

**重要項目**：MDGs の 8 つの目標　SDGs の 17 の目標

**1　SDGs 以前の取組 MDGs とは**

「ミレニアム開発目標」(Millennium Development Goals：MDGs) は，開発分野における国際社会の共通目標であった。2000 年 9 月の国連ミレニアム・サミットで採択された「国連ミレニアム宣言」と 1990 年代の主要な国際会議やサミットで採択された国際開発目標を統合したものが MDGs である。2001 年に国連において，開発途上国向けの目標として 2015 年を期限とする国際社会の **8 つの共通目標**▷1 が設定された。

それ以来，国際社会が共同して様々な取組を推進してきた結果，MDGs は達成期限の 2015 年までに一定の成果を上げることができた。例えば，目標①については，極度の貧困に苦しむ人々の割合を 2015 年度までに（1990 年と比べて）半減するというターゲットに対して，世界人口の約 36%（19 億人）から約 12%（約 8.4 億人）と 3 分の 1 に減少したのをはじめ，目標⑥等でも一定の成果を上げた。一方で，特に目標④⑤がサブサハラアフリカ等で達成が遅れるなど，未達成の課題も残された。また，策定から 15 年間が経過して国際的な環境も大きく変化し，環境問題や気候変動の深刻化，国内や国の間での格差拡大，企業や NGO の役割の拡大など新たな課題も出てきた。

**2　MDGs から SDGs へ**

こうした課題を踏まえ，国連は議論・交渉を経た後，2015 年 9 月の国連持続可能な開発サミットにおいて「持続可能な開発目標」(Sustainable Development Goals：SDGs) を全会一致で採択し，先進国を含む国際社会全体の開発目標として，2030 年を期限とする包括的な **17 の目標**▷2 を設定した。それ以降，世界の国々と人々は先進国，途上国，民間企業，NGO，有識者等すべての関係者の役割を重視し，「誰一人取り残さない」社会の実現を目指して，経済・社会・環境をめぐる広範な課題に取り組んでいる。

我が国においても，2016 年 5 月，目標達成に向けて関係省庁が連携し政府一体となって取り組むため，内閣に「SDGs 推進本部」を立ち上げるとともに，広範な関係者が集まり意見交換を行う「持続可能な開発目標推進円卓会議」を設置した。推進本部は，「持続可能な開発目標（SDGs）実施指針」を決定し，「持続可能で強靱，そして誰一人取り残さない，経済，社会，環境の統合的向上が実現された未来への先駆者を目指す」というビジョンのもと，5 つの主要原則と，SDGs の 17 のゴールを日本の文脈に即して再構成した 8 つの優先課題を決定し，併せて 140 の国内及び国外の具体的な施策を指標とともに定めた。文部科学省では，2018 年 4 月に「科学技術イノベーションを通じた SDGs への貢献（STI for SDGs）に関する基本方針」を策定している。

▷1　①極度の貧困と飢餓の撲滅　②初等教育の完全普及の達成　③ジェンダー平等推進と女性の地位向上　④乳幼児死亡率の削減　⑤妊産婦の健康の改善　⑥ HIV/エイズ，マラリア，その他疾病の蔓延の防止　⑦環境の持続可能性確保⑧開発のためのグローバルなパートナーシップの推進
▷2　Ⅱ-13「ESD：学校教育の社会的使命」参照。

**参考資料**
2015 年版開発協力白書（外務省）
文部科学省 HP

（小林清太郎）

## I 教育実践とその理論

# 8 学習指導

## 1 学習指導の基本的な考え方

「教師は授業で勝負」という至言もあるように，教師の専門性は授業で発揮される。授業等の学習指導を通して，児童生徒に各教科等で育むべき学力を付けていくことは，教師の重要な職務であることに間違いない。

学校教育で目指す学力については，学校教育法30条第2項で，以下のように規定している。

> 生涯にわたり学習する基盤が培われるよう，基礎的な知識及び技能を習得されるとともに，これらを活用して課題を解決するために必要な思考力，判断力，表現力その他の能力をはぐくみ，主体的に学習に取り組む態度を養うことに，特に意を用いなければならない。

法令中の「基礎的な知識及び技能」「思考力，判断力，表現力その他の能力」「主体的に学習に取り組む態度」は，新しい社会を力強く生きていくための「確かな学力」の構成要素として**「学力の三要素」**と称されている。

さらに，学習指導要領では，「学力の三要素」を踏まえて，学校教育を通して育成を図る**資質・能力の三つの柱**として，「知識及び技能」「思考力，判断力，表現力等」「学びに向かう力，人間性等」に整理し，各教科等の目標や内容に位置付けている。このように，「各教科等をなぜ学ぶのか，それを通じてどのような力が身につくのか」，を明確にしている。

また，学習指導要領では，児童生徒がこれらの資質・能力を身に付けていくためには，学習の質を一層高めていく必要があるとし，教師が授業改善の取組を活発化していく視点として**「主体的・対話的で深い学び」**（アクティブ・ラーニング）を提唱している。◁1

今回改訂の学習指導要領では，「何を学ぶか」という内容（コンテンツ）だけでなく，「どのように学ぶか」，そして「何ができるようになるか」という資質・能力（コンピテンシー）が重視されている。学習指導を行うにあたり，これらの基本的な考え方を踏まえ，児童生徒とともに学んでいく姿勢が大切である。

## 2 魅力ある授業づくり

授業をする上で，教師にはおよそ3つの仕事がある。すなわち「授業構想」

**重要項目**
学力の三要素
資質・能力の三つの柱
主体的・対話的で深い学び
（アクティブ・ラーニング）

▷1 「主体的・対話的で深い学び」の定義については，学習指導要領解説総則編に記載されている。

▷2　学習指導の構造には，様々な分類の仕方がある。
例えば，「岡山大学　教員養成コア・カリキュラム」の「学習指導力」では，以下の5つの力から構成されている。
①学習状況の把握力
②授業設計力
③教材分析力・教材開発力
④授業実践力
⑤授業の分析・省察力
本文中の「授業構想」「授業実践」「授業省察」と比較すると，およそ次のようになる。
①②③が「授業構想（力）」，④は同じ「授業実践（力）」，⑤は「授業省察（力）」

▷3　教育実習や公開授業では，授業構想を具体化したものとして学習指導案が作成されることが多い。学習指導案の表記には決まりはないが，一般的に3つの「観」が，作成する際の構成要素となっている。
〈児童観・生徒観〉
児童生徒の学びの実態を捉え，願う姿を描く。本文中の〈児童生徒の学習状況の把握〉参照。
〈教材観〉
教科の捉えを明らかにし，教材の意図を表現する。本文中の〈教材研究〉参照。
〈指導観〉
上記2つの「観」から，理想に迫るための教師の手立てを示す。

「授業実践」「授業省察」である。魅力ある授業を行うためには，それぞれの段階での仕事を理解し，真摯に取り組むことが求められる。

## (1)授業構想

〈児童生徒の実態の把握〉

新しい時代に必要となる資質・能力の育成の重視という点から，授業は，これまで以上に教師が「授けるもの」から児童生徒が「学びとるもの」になっている。教師主導でいくら綿密な教授計画を立てても，児童生徒に学びがなければ，授業として無意味である。

授業構想時に，たとえば「授業で扱う問いは児童生徒にとって難解なのか平易なのか」，「学習過程のどこでつまずきそうなのか」などを考える。平素の観察や検査等により，一人一人の能力，関心等の実態を把握しておかなければ，児童生徒の「分かった，できた」といった学びをイメージすることはできない。一人一人について，現状や課題，育成を目指す資質・能力を把握し，整理しておくことにより，授業のねらいも明確になる。

「学習指導」を行う上で「指導」するのは教師だが，「学習」するのは児童生徒だということを念頭に置きたい。

〈教材研究〉

「魅力ある授業」をするには，豊富な知識が必要である。「教材研究で得た10の知識のうち，精選した1の知識を授業で使うぐらいでいい」「ひとつの授業をつくるのに，関連した書籍を少なくとも5冊は読みなさい」などとも言われる。教師は，豊富な知識を構造化し，論理的に分かりやすく内容を把握し，授業で「これだけは学んでほしい」という学習目標を練り上げていくことが必要である。学習目標を設定する際に留意したいことは，学校の教育課程，児童生徒の実態や各教科等の『学習指導要領解説』で示されている資質・能力を勘案して作成することである。これらの要素を踏まえず教師の思いだけで作った学習目標が果たして児童生徒のためになるか，考えてほしい。

学習目標が決まれば，その目標を達成するための具体的な指導方法を考えていくことになる。一般に，1単位時間の授業は，「導入」，「展開」，「終末」の指導過程に整理できる。各指導過程の役割を理解しながら，目標を達成するのに最も有効な教材・教具の選択，学習形態，発問や板書の工夫等の細案を「主体的・対話的で深い学び」の視点で練っていくことになる。

## (2)授業実践

授業は，計画したものを，そのまま実行するのではない。「授業は生ものである」と言われるとおり，一人一人の児童生徒の個性によって，時間によって，その他の状況によって変わってくる。教材を媒介として，教師と児童生徒，児

童生徒同士がつながることで，学びの深まりを求めるのが授業である。そのため，児童生徒の学習状況を表情やつぶやき，ノートの記述等から見取り，児童生徒の学びの歩みに合わせて計画を進めることが大切である。また，時には，即興的に対応したり，柔軟に教材を扱ったりしていくことも求められる。「今，ここで」という瞬間に最も適した教育的な働きかけを行うことはたいへん難しいが，その力量を身に付けていくことが「教育のプロ」として専門性を高めることになる。

## (3)授 業 省 察

　授業を実践すれば，教師の仕事は終わると認識しているかもしれない。しかし，教師は日々自分の実践した授業を振り返る。この営みを授業省察という。授業を思い起こし，学習目標は達成できたか，教師の施した工夫は児童生徒の「主体的・対話的で深い学び」につながっていたか，授業中の児童生徒の見取りとその対応は適切であったかなど，様々な省察を行う。

　このように丁寧な授業構想，授業実践，授業省察を繰り返す中で，授業の質は向上し，「魅力ある授業」に一歩ずつ近づいていく。

　実際に授業を行うと，なかなか思い通りにはいかない。「子どもが興味・関心を持てる授業にならない」，「ゆっくり丁寧に授業をすると，構想通りに進まず，遅れてしまう」。このような悩みもよく聞こえてくる。授業は複雑な要素が絡み合ってくるので，学習指導力は一朝一夕に身に付くものではない。しかし，未来の創り手である児童生徒一人一人の豊かな学びを支援する教師の果たす役割は大きく，最もやりがいのあることである。

(森安史彦)

▷4　各指導過程の基本的な役割を述べると次のようになる。

〈導入〉

　児童生徒に興味・関心に結びつく資料を提示し，この時間の学習目標を「めあて」として児童生徒とともに探る。学習の見通しをもたせることにより，「できそう」「やってみたい」等の主体的な気持ちを喚起できることが大切である。

〈展開〉

　児童生徒が学習目標に向かって意欲的に取り組める活動を適切に位置付ける。目的に応じて一斉学習，グループ学習，ペア学習等の学習形態にも工夫を施し，内容を深めていく。また，一人一人の学習状況を把握し，個に応じた支援も行う。

〈終末〉

　学習内容を整理し「めあて」対応した「まとめ」を行う。児童生徒も授業について「分かったこと，分からなかったこと，さらに調べてみたいこと」等を振り返り，学習内容の確実な定着を図るとともに次時以降の学びに向かう気持ちを育めるようにする。

#  道 徳 教 育

**重要項目**
特別の教科　道徳
道徳性
道徳教育の要である道徳科
道徳的価値

▷1　教科ではなく「特別の教科」とされるのは，道徳科の授業は教科担任ではなく原則，学級担任が行うことや教科として評価も行うが，他教科と異なり，数値による評価をしないこと等の理由による。

▷2　教育基本法については，Ⅱ-1参照

▷3　例えば，小学校と中学校学習指導要領との違いは，児童が生徒に変わり，「外国語活動」がないという点である。

▷4　詳しくは，学習指導要領解説総則編「各教科における道徳教育（人間としての在り方生き方に関する教育）」※カッコは高等学校学習指導要領解説

## 1　道徳教育の目指すもの

　平成27年，学校教育法施行規則の一部を改正する省令および学習指導要領の一部改正が告示され，従来の「道徳の時間」は「**特別の教科　道徳**」（以下「道徳科」という。）に位置づけられた。道徳科を設置し，道徳教育の充実を図ることは，学校教育にとっても大きな転換の一つである。

　道徳教育は，人間がよりよく生きるための基盤となる「道徳的な判断力，心情，実践的意欲と態度」という**道徳性**を養うことを目標としている。教育基本法第1条には，教育の目的として，人格の完成を示しているが，道徳性は人格形成の基盤となるものである。

　道徳教育は，小学校学習指導要領第1章総則の第1の2の(2)に次のように示されている。

> 　学校における道徳教育は，特別の教科である道徳（以下「道徳科」という。）を要として学校の教育活動全体を通じて行うものであり，道徳科はもとより，各教科，外国語活動，総合的な学習の時間及び特別活動のそれぞれの特質に応じて，児童の発達の段階を考慮して，適切な指導を行うこと。
>
> 　道徳教育は，教育基本法及び学校教育法に定められた教育の根本精神に基づき，自己の生き方を考え，主体的な判断の下に行動し，自立した人間として他者と共によりよく生きるための基盤となる道徳性を養うことを目標とすること。

　ここで大切なのは，児童生徒は道徳性の育成を道徳科の授業だけではなく「学校の教育活動全体を通じて行う」ことである。道徳科の授業の有無に関わらず，小・中・高等学校，特別支援学校の学習指導要領総則編にも同様に記述されていることからもその大切さが理解できるであろう。

　思い浮かべると，学校生活において道徳性に関わる事柄は多い。学校のきまりや友達との人間関係の持ち方もそうである。教科等との関連でも，国語の物語文で登場人物の気持ちを読み取ること，体育でのチーム競技，社会科での地域学習，校外学習や運動会等の学校行事等，これらの教育活動により，規則の尊重，思いやり，友情，郷土を愛する心を身に付けていく。また，道徳性は様々な関わりの中で，響き合って高められていくものである。そのため，各学校では，児童生徒の実態に応じて道徳教育の重点目標を定め，教科横断的に相

互の関連を図れるよう全体計画や年間指導計画を作成し，発展的に道徳教育を進めている。

ただし，各教科等はそれぞれに目標をもっている。教科指導の中での道徳教育は，断片的であったり，徹底を欠いたりすることが避けられない。そこで，道徳科の授業で，補ったり，堀り下げて理解を深めたり，統合したりして，道徳性を育成することが必要となる。このため**道徳教育は「道徳科を要」とする**ことが位置づけられている。

## ② 道徳科（道徳の時間）の目標と内容

道徳科の目標を，小学校学習指導要領では次のように示している（文中のカッコは中学校学習指導要領）。

> 第１章総則の第１の２の(2)に示す道徳教育の目標に基づき，よりよく生きるための基盤となる道徳性を養うため，道徳的諸価値についての理解を基に，自己を見つめ，物事を（広い視野から）多面的・多角的に考え，自己の生き方（人間としての生き方）についての考えを深める学習を通して，道徳的な判断力，心情，実践意欲と態度を育てる。

道徳科の授業では，児童生徒が道徳的に正しい判断ができたり，望ましい行動に向かうようにしたりする**道徳的価値**の理解が基本である。道徳的価値とは，例えば，くじけず努力する心，感謝の心，規則を尊重する心，など人間らしい良さを表す特徴的なものである。

学習指導要領には，道徳的価値を「道徳の内容」として，Ａ 自分自身，Ｂ 他の人，Ｃ 集団や社会，Ｄ 生命や自然，崇高なもの，の４つの視点との関わりでまとめている。

さらに，４つの関わりを豊かにするために，押さえなければいけない基本的な道徳的価値を「内容項目」として，小学校の低学年 19 項目，中学年 20 項目，高学年 22 項目，中学校では 22 項目を発展的に示している。これらの内容項目は，どの項目も道徳性の土台であり，生きていく上において必要不可欠な価値である。１つ１つの道徳的価値の理解が不十分であれば，一面的な見方・考え方に陥り，人として適切な判断ができにくくなる。したがって，各学年では，その学年段階の内容項目をすべて取り上げ，繰り返し丁寧に指導しなければならない。また，小・中学校の９年間の道徳科の授業で道徳性を発展的に積み上げていかなければならない。

## ③ 道徳科の授業づくり

「道徳の授業」と聞くと，皆さんはどんなことを思い出すであろうか。小・中学校で，毎週１時間実施されてきた「道徳の時間」については，これまで多

▷5 各校では，校長の方針の下，道徳教育推進教師等を中心に全教職員が協力し，道徳教育を展開している。

▷6 全ての教科等の学習指導要領解説の巻末付録として「（小中学校における）『道徳の内容』の学年段階・学校段階の一覧表」が付いている。
※カッコは高等学校学習指導要領解説

▷7 まず教師が，それぞれの内容項目の発展性や特質などを理解した上で，児童生徒の道徳性を育む必要がある。例えば，「礼儀」の内容項目では，以下の通りとなっている。
〔第１学年及び第２学年〕
気持ちのよい挨拶，言葉遣い，動作などに心掛けて，明るく接すること。
〔第３学年及び第４学年〕
礼儀の大切さを知り，誰に対しても真心をもって接すること。
〔第５学年及び第６学年〕
時と場をわきまえて，礼儀正しく真心をもって接すること。
［中学校］
礼儀の意義を理解し，時と場に応じた適切な言動をとること。

くの熱心な教師によって創意工夫がなされてきた。他方で「決まりきった答え
を話したり書いたりするだけ」「内容がつまらない」等の指摘がされているの
も事実である。こうした指摘は，「望ましい考えや行動について教え，人とし
て正しい行動を身に付けさせることが道徳である」といった思い込みから起こ
るのも一因である。このことについて考えてみよう。

　普段の行動を振り返れば，「困っている人に親切にしたいけど，声をかける
のは難しい。」など道徳的に望ましいと知っているが，行動には移せないこと
はよくある。「望ましい行動とはわかっているができない」という人間的な弱
さを自分事として捉えながら，「なぜできないのか」と考え合うのも道徳であ
る。また，いくつかの道徳的価値が重なり，その中で判断しなければならない
ことも多い。状況に応じて判断や行動が変わることもある。このような柔軟さ
も人間としてよりよく生きる道徳性である。いろいろな道徳的価値の中から，
迷い悩みながらどの価値を選ぶか，自分で判断する力を付けていかなければ，
本当の意味での道徳性は育たない。

　さらに，自分が正しいと思っている道徳的価値や考えと，友達は違う価値で
考えることがある。授業中の友達との対話を通じて，新しい価値や考えを自分
の中に取り入れ，自分の生活や生き方を見つめ直すことで，道徳的価値の引き
出しが増えたり，広がったり，深まったりする。「物事を多面的・多角的に考
え，自己の生き方についての考えを深める学習」を通して「道徳的な判断力，
心情，実践意欲と態度を育てる」ことが道徳科の目標である。

　最後に，授業後にすぐに実践的な態度としての結果が出ることだけを期待す
る必要はない。心の中に植えた道徳性という小さな種が，発芽し，成長する。
小さな努力も積み重ればやがて実を結ぶ。このような考えを大切にしながら，
目の前の子どもたちにとって，大切なことは何かを考え続けていくことが教師
としての責務であろう。

（森安史彦）

▷8　この例では「親切」
という道徳的価値だけでな
く，相手に声をかける「勇
気」，自分のしている約束
の時間が迫っていたら「規
則の尊重」，相手が病気や
けがで困っていたら「生命
尊重」等の道徳的価値が考
えられる。

## Ⅰ　教育実践とその理論

#  特別活動・総合的な学習の時間

##  特 別 活 動

### (1)特別活動の構成と成果

　特別活動は,「**なすことによって学ぶ**」の方法原理のもと, 学級活動（高校はホームルーム活動）, 児童会・生徒会活動, クラブ活動（小学校のみ）, 学校行事という様々な集団による活動で構成される教育活動である。このうち時間割への位置付けが求められるのは学級活動だけである。

　『小学校学習指導要領解説　特別活動編』は, 特別活動の成果として「児童生徒が学校生活を送る上での基盤となる力や社会で生きて働く力を育む活動として機能してきた」,「協働性や異質なものを認め合う土壌, 集団への所属感, 連帯感を育み, 各学校の特色ある教育活動の展開を可能としている」の２点を挙げている。

　例えば「学校生活の印象的な思い出は？」という問いには, 多くの人が文化祭や体育祭, 修学旅行といった「学校行事」と答えるのではないか。クラス一丸となったり全校生徒で協力・連携したりして取り組んだ経験が, 卒業後何年経っても鮮やかに蘇り, その時覚えた達成感・充実感や友との絆が, 今の自分につながっていると実感する人も少なくないはずだ。まさに「特別活動で育まれた資質・能力」が社会に出た後の様々な集団や人間関係の中で生かされているあかしであり, 日本の学校教育を特徴付ける特質を持つ教育活動である特別活動の成果の一端を物語っているといえよう。

### (2)特別活動の課題

　一方, 特別活動の課題として「育成を目指す資質・能力は何で, どんな学習過程を経るのかについて無意識」「内容や指導のプロセス, 各活動等の関係性・役割が未整理」「社会参画意識や自治的能力の育成, キャリア教育における役割の明確化, 防災を含む安全教育, 体験活動など, 複雑で変化の激しい社会の中で求められる資質・能力育成が必要」の３点を指摘している。

　特別活動は教科と同じ教育活動であることを認識し, これからの社会で「生きる力」を視野に入れ, どんな過程でどんな資質・能力を児童生徒に育成するかを明確に意識した「なすことによって学ぶ」を実践することが望まれるのだ。

重要項目
なすことによって学ぶ
特別活動の三つの視点
探究的な学習

▷1　学校行事は次の通り
(1)儀式的行事
(2)文化的行事
(3)健康安全・体育的行事
(4)遠足（中高は旅行）・集団
　宿泊的行事
(5)勤労生産・奉仕的行事

▷2　「特別活動は, その成り立ちや内容から見て我が国の全人的な教育を特徴付ける学校文化として, 時代の要請に応えているのです。」
国立教育政策研究所教育課程研究センター指導資料『学級・学校文化を創る特別活動【中学校編】』

▷3 小学校学習指導要領の全体目標の冒頭は次のとおりである。
集団や社会の形成者としての見方・考え方を働かせ，様々な集団活動に自主的・実践的に取り組み，互いのよさや可能性を発揮しながら集団や自己の生活上の課題を解決することを通して，次のとおり資質・能力を育成することを目指す。

▷4 コラム「キャリア教育」参照のこと

### (3)特別活動の改善ポイント

こうした成果と課題を受けて改訂された学習指導要領の目標と内容の主な改善ポイントは以下のとおりである。

> (1) 全体目標を，他教科等と共通の形式で，特別活動が育成を目指す資質・能力を三つの柱に沿って示した。また従来「望ましい集団活動」だったものを，特別活動の特質と活動過程を明確に示した表現にした。
> (2) 育成を目指す資質・能力を，「人間関係形成」「社会参画」「自己実現」という**三つの視点**を手掛かりとしながら，資質・能力の三つの柱に整理した。
> (3) 特別活動を構成する各活動等は，全て特別活動の全体目標に掲げられた資質・能力の育成を目指しているので，三つの柱の各活動等ごとの記述はない。
> (4) 学級活動の内容について，キャリア教育の視点からの小・中・高のつながりを明確化し，全校種とも内容を「学級や学校における生活づくりへの参画」「日常の生活や学習への適応と自己の成長及び健康安全」「一人一人のキャリア形成と自己実現」の３つに整理した。

### (4)特別活動の可能性

これからの時代を「生きる力」を育むため，「主体的・対話的で深い学び」の実現が求められている。児童生徒の主体性を重視した集団活動である特別活動には，その方向性が内包されている。特別活動は新しい時代の教育活動の要となる可能性に溢れているが，その具現化には上述した課題の克服，とりわけ学級活動の改善・充実を図れる指導力を持った教師の存在が不可欠だ。

「なすことによって学ぶ」を体得し，週１回の学級活動を「児童生徒が見出した課題を考察や話合い等によって解決する場」や「児童生徒が合意形成や意思決定が図れる場」にできる教師を目指してほしい。

## ② 総合的な学習の時間

### (1)総合的な学習の時間の創設からの経緯

▷5 完全学校週５日制の下で，各学校がゆとりの中で特色ある教育を展開し，児童生徒に豊かな人間性や基礎・基本を身に付け，個性を生かし，自ら学び考える力などの「生きる力」を培うことを基本的なねらいとした。

▷6 「①課題の設定→②情報の収集→③整理・分析→④まとめ・表現」で，④から新たな課題を見出し更なる解決を始めるといった学習活動を発展的に繰り返求められている。

総合的な学習の時間（以下「総合」という。）は，平成10年の学習指導要領で「自ら学び，自ら考える力を育成することを重視した教育が必要」，「一人一人の個性を生かす教育を行うためには，各学校が生徒や地域の実態等を踏まえ，総意工夫を存分に生かした特色ある教育活動を展開することが大切」との観点で創設された。

平成20年の学習指導要領では，従来の横断的・総合的な学習とともに，**探究的な学習**や協働的な学習をすることが求められ，探究のプロセスが明示された。

今回の学習指導要領改訂では総合の成果を，探究のプロセスを意識した学習が児童生徒の学力向上や学習の姿勢の改善に貢献していることとした上で，

「課題と更なる期待」として次の3点を挙げている。「総合と各教科等の相互の関わりと学校全体で育てたい資質・能力を意識したカリキュラム・マネジメントの実施」,「探究プロセスの中での『整理・分析』『まとめ・表現』のより一層の重視」,「より探究的な活動を重視する視点での高校での位置付け直し」。

## (2)総合の改善ポイント

　上記の「課題と更なる期待」を受けて,学習指導要領における総合の基本的な考え方と目標の改善ポイントは以下のとおりである。◁7

> (1) 高校の名称を「総合的な探究の時間」に変更し,小・中学校の取組を基盤とし,「自ら問いを見出し探究する力」を育成するようにした。
> (2) 目標を他教科等と同様の形式で示すことで,「探究的な見方・考え方」で,「横断的・総合的な学習」を通して目ざす資質・能力を育成することを示した。
> (3) 総合が「教科等横断的なカリキュラム・マネジメントの軸」となるよう,各学校の教育目標を踏まえた目標を設定することを示した。

　また学習内容・指導の改善としては,総合にふさわしい探究課題と育成を目指す資質・能力の設定,各教科と関連付けによる実社会・実生活で総合的に活用できる資質・能力の育成,全ての学習の基盤となる言語能力,情報活用能力,育成のための学習活動の実施などが示された。

## (3)総合の充実のために

　高校の名称変更が象徴しているとおり,総合の本質は「探究」である。充実した探究活動の実現には,各教科等との横断的・総合的な学習が不可欠だろう。また総合と特別活動は,各教科で身に付けた資質・能力を総合的に活用・発揮しながら児童生徒が自ら現実の課題に取り組むことを基本原理にしている点や,体験学習・協働学習の重視,自己の生き方の考えを深める点など共通点が多い。そのため学習指導要領に総合で学校行事の実施に替えられる旨の規定がある。しかし安易な「相乗り」や「代替」は禁物である。あくまでも各々が目指す「児童生徒に育てたい資質・能力」を見据えた上で,年間の指導計画の中に位置付ける等の配慮が必要である。

　総合は「主体的・対話的で深い学び」を推進するための「教科等横断的なカリキュラム・マネジメントの軸」だ。今,教師に求められているのは,総合の意義を理解した意欲的な指導で,児童生徒に「探究」心を育てることなのだ。

（槇野滋子）

▷7　小学校学習指導要領総合的な学習の時間の目標の冒頭部分は次のとおりである。（下線は筆者）

探究的な見方・考え方を働かせ,横断的・総合的な学習を行うことを通して,よりよく課題を解決し,自己の生き方を考えていくための資質・能力を次のとおり育成することを目指す。

中学校は同じだが,名称の異なる高校は下線の部分が「自己の在り方生き方を考えながら,よりよく課題を発見し解決していくための」となっている。

# コラム 5　キャリア教育

**重要項目**：キャリア教育の要　社会的・職業的自立　基礎的・汎用的能力

「キャリア教育の充実」のため，学習指導要領では，特別活動を学校教育全体で行う「**キャリア教育の要**」[1]と位置付けた。さらに学級活動の内容について，キャリア教育の視点からの小・中・高等学校の系統性を明確化した。具体的には，学級活動は「学級や学校における生活づくりへの参画」「日常の生活や学習への適応と自己の成長及び健康安全」「一人一人のキャリア形成と自己実現」[2]に整理された。このようにクローズアップされている「キャリア教育」とは何か。文部科学省作成の資料[3]では，次のように説明されている。

> 　「一人一人の社会的・職業的自立に向け，必要な基盤となる能力や態度を育てることを通して，キャリア発達を促す教育」のことを指します。子供たちが将来，社会の中で自分の役割を果たし，自分らしい生き方を実現するための力を身に付けさせるべく日々の教育活動を展開することこそがキャリア教育です。
> 　したがって，教育活動内にある，子供たちのキャリア発達を促すのに有効な諸要素—学習内容や指導方法，生活・学習習慣・体験的な活動—を意図的に相互につなげながら，学校の教育全体で進められるものです。

一方，キャリア教育は，学校の教育活動全体で行う意図が十分に理解されず，指導が曖昧であることや，進学や就職に向けた狭義の「進路指導」と混同されたため，特に小学校ではキャリア教育が体系的に行われてこなかったという指摘がある。[4]

こうした課題を解決するには，資料の「一人一人の**社会的・職業的自立**に向け，必要となる能力や態度を育てること」を明確に意識することが必要だろう。すなわち「人間関係形成・社会形成能力」「自己理解・自己管理能力」「課題対応能力」「キャリアプランニング能力」で構成される**基礎的・汎用的能力**を育むことを目標として「学校の教育全体で進められる」ことが肝要なのである。さらに系統的なキャリア教育推進に資する「振り返って気付いたことや考えたことなどを，児童生徒が記述して蓄積する，いわゆるポートフォリオ的な教材」の活用が望まれる。[5]

「キャリア」の語源は，ラテン語で「轍（わだち。車が通った車輪の跡）」を意味する言葉だという。つまり「キャリア」とは「人生という道」「人生行路」であり，「キャリア教育」とは，一人一人の児童生徒が自分にふさわしい生き方を見出して「社会」という広野を力強く進んでいくための資質・能力を育む教育といえる。「キャリア」の本来の意味どおりの，児童生徒の人生を見通した真っ直ぐなキャリア教育の推進を望みたい。

▷1　高等学校は「ホームルーム活動」。
▷2　小学校で新設された項目。
▷3　文科省　国立教育政策研究所生徒指導・進路指導研究センター『語る 語らせる 語り合わせるで変える！キャリア教育』。
▷4　小・中・高等学校学習指導要領解説総則編　参照。
▷5　小・中・高等学校学習指導要領解説特別活動編　参照。

（槇野滋子）

# コラム 6 部 活 動

**重要項目**：部活動に関するガイドライン　部活動指導員制度

## 1　部活動の意義

　部活動は，これまでの我が国のスポーツ，文化振興を大きく支えてきた。そして，学校では教師も生徒も熱心に取り組んでおり，多く生徒が部活動を楽しみにしており，中には生活の柱にしている生徒もいる。教師にとっても部活動指導の中で生徒とのつながりが深まり，生徒指導が円滑に行えるなどの大きなメリットがある。

　学習指導要領にも「生徒の自主的，自発的な参加により行われ，スポーツや文化及び科学等に親しませ，学習意欲の向上や責任感，連帯感の涵養等，学校教育が目指す資質・能力の育成に資する」（中学校 学習指導要領 総則，第 5，学校運営上の留意事項より一部抜粋（高等学校もほぼ同様の内容））ものであり，学校の教育活動として大変意味のある活動であるとされている。

## 2　学校現場での部活動の現状と課題

　部活動は，生徒の自主的・自発的な参加により行われているが，一部には勝つことを第一に，指導者が土日も休まず生徒を長時間拘束した挙げ句，暴言や体罰を行っている等の弊害が指摘されている。

　日本体育協会（現日本スポーツ協会）によると，週16 時間を超えて活動を行うと，けがをしやすくなるという報告[1]もあり，長時間部活動を行うことは生徒にとって大きな負担になる。

　また，少子化による生徒数，教員数の減少，生徒の嗜好の多様化等からこれまで通りのやり方では部活動の運営が難しい状況も生じている。

## 3　これからの部活動

　こういった状況の中，**部活動に関するガイドライン**[2]が策定された。ガイドラインには「部活動活動方針の策定」や「適切な指導の実施」「適切な休養日等の設定」「地域との連携」などについて記載されている。特に重要なのは，生徒の健康面への配慮や教師の働き方改革から週 2 日以上休養日を設けるとともに，少なくとも土日どちらか 1 日は休養日とするとされていることである。

　また，教員の負担軽減や指導の質の向上を目指して，教員の代わりに，単独で部活動指導や大会等への引率ができる**部活動指導員制度**[3]も設けられた。

　今後は，ガイドラインに沿って，生徒にとっても教員にとっても負担の少ない，持続可能な部活動が展開されていくと考えられる。

▷1　「スポーツ医・科学の観点からのジュニア期におけるスポーツ活動時間について」（平成 29 年12 月 18 日 公益財団法人　日本体育協会）において，ジュニア期においては週当たりの活動時間における上限は，16 時間未満とすることが望ましい」ことが示されている。

▷2　「運動部活動の在り方に関する総合的なガイドライン」（平成 30 年 3 月：スポーツ庁）
　「文化部活動の在り方に関する総合的なガイドライン」（平成 30 年 12 月：文化庁）
　主に中学校段階の部活動を対象として，これからの部活動の目指す方向を示したもの。（高等学校も準ずる）

▷3　中・高等学校等におけるスポーツ，文化，科学等に関する教育活動に係る技術的な指導に従事する学校の職員。学校の教育計画に基づき，校長の監督を受け，部活動の実技指導，大会・練習試合の引率等を行う。校長は，部活動指導員に部活動の顧問を命じることができる。

（前田　潔）

生 徒 指 導

## ① 生徒指導の意義と目的

　生徒指導という言葉を聞くと，問題行動を起こした児童生徒への事後指導というイメージを持ちやすいが，決してそうではない。学校生活全ての場面において，全ての児童生徒に対して日常的に行うものである。

　平成22年に文部科学省から出された『**生徒指導提要**』では，「生徒指導とは，一人一人の児童生徒の人格を尊重し，個性の伸長を図りながら，社会的資質や行動力を高めることを目指して行われる教育活動」であり，「教育課程の内外において一人一人の児童生徒の健全な成長を促し，児童生徒自ら現在及び将来における自己実現を図っていくための自己指導能力の育成を目指す」と述べられている。このことは，図Ⅰ-6のように3つの階層に整理することができる。

「開発的生徒指導」（すべての児童生徒対象）
「予防的生徒指導」（一部の児童生徒対象）
「問題解決的生徒指導」（特定の児童生徒対象）

図Ⅰ-6　生徒指導の考え方

　「**問題解決的生徒指導**」は，すでに起こっている児童生徒の問題に向き合い，治療的・対処療法的に特定の児童生徒に対して行う指導のことで，最も狭義の生徒指導である。いじめや不登校，暴力行為等の問題行動や非行に対する指導がこれにあたる。

　「**予防的生徒指導**」は，問題を潜在的に抱えていると予想されたり学習意欲の低下や基本的生活習慣の乱れなどの兆候が表れ始めたりしている一部の児童生徒に対して，つまずきへの対応や未然防止，予防策の展開を行う指導である。薬物乱用防止教育や性教育等もこれにあたる。

　「**開発的生徒指導**」は，「予防的生徒指導」と重なる部分もあるが，各教科や道徳，特別活動，総合的な学習の時間等の授業をはじめとした教育課程内外の全領域で，全ての児童生徒を対象に，自己存在感や自己決定の場を与え，共感的な人間関係を育成していく中で，個々の児童生徒の自己実現に向けた自己指導能力を身に付けさせていくための指導である。

▷1 「自己存在感」「自己決定」「共感的人間関係」を生徒指導の三機能（坂本昇一 2002年）という。生徒指導の目標を達成するため，日々の教育活動においてこれらが機能しているか常に留意したい。
▷2 「発達促進的・予防的教育相談」「育てる教育相談」の手法の活用が考えられる。（「コラム8　教育相談」参照）

　このように，生徒指導とは，問題行動を起こす児童生徒のみを対象とするのではなく，全ての児童生徒に対して学校における全教育活動の中で行われる広義な指導や支援を意味している。そういう意味で，学校で生徒指導を担うのは，生徒指導主事等の一部の担当者だけでなく，全ての教師が授業中も含め，あら

ゆる場面において担う取組だと言える。

## ② 生徒指導の移り変わり

　昭和の時代は，児童生徒が外向きのエネルギーを発散し，他者に対して暴れたり，器物を破損したりといった反社会的行動が目立っていた。平成に入ると，家庭用ゲーム機やインターネットの普及とともに，児童生徒のエネルギーの内向化が指摘されるようになり，同じ頃からいじめや少年による凶悪事件も社会問題化するようになった。現在，多くの学校で，非行や校則違反等の反社会的行動と，不登校や引きこもりといった非社会的行動の双方への対応を求められる状況も増え，問題が多様化・重層化している。さらに，近年のスマートフォン等の普及により，問題行動等は深刻化するだけでなく，「まさかあの子が…」といった事件・事案も発生する等，不透明化・複雑化している。

　こうしたことから，令和の時代における生徒指導は，行動面に加えて，一人一人の心の問題をいかに考えるかという点で，教育相談との関係を密にし，全ての児童生徒としっかりと向き合いながら，学校だけでなく家庭・地域や関係機関とも連携して進めていくことが重要になっているといえよう。

## ③ 児童生徒理解と生徒指導の進め方

　生徒指導を進める上で教師に求められることは，まず，一人一人の児童生徒をどのように理解して指導するかということであり，**児童生徒理解**◁3が生徒指導の成否を左右するといっても過言ではない。「人は理解したように人に関わる」と言われるように，正しい理解がなければ適切な関わりは行えない。同時に，人は自分のことを理解してくれている人には安心して心を開くが，そうでない人には心を閉ざし，拒否的になってしまうものである。信頼関係が基盤になければ，どんな指導も成果をあげることはできない。

　そのためには，児童生徒の生育歴や環境などの客観的事実に留まらず，それぞれの個性，特徴や傾向等を共感的に理解し把握することが不可欠となる。それによって，初めて効果的な指導方法も見えてくる。実際の生徒指導では，一人一人の行動に関する善悪等の判断力のレベル，感情の動き，意思の強弱などを捉えて指導にあたることが多いが，そうした知・情・意の働きの事実だけではなく，なぜ児童生徒はそのように行動せざるを得ないのか，その背景も含め，できるだけ多角的・多面的にかつ正確に理解することが必要である。その点でも，一人の教師が問題を抱え込むことは避けるべきである。

　また，生徒指導を進めていく上では，それぞれの校内体制，児童生徒や家庭・地域の状況に応じて，具体的な指導を進めていく必要がある。

　その際，児童生徒全体への指導と個別の課題を抱える児童生徒の指導は別々に行われるものではなく，児童生徒理解に基づいて相互に関係させながら進め

▷3　児童生徒を理解するために特に重要と思われるものとしては，能力や性格的な特徴，興味，要求，悩み，交友関係，生育歴，家庭環境等がある。

ることで効果が上がるものである。

　児童生徒全体への指導では，学校の生徒指導方針や基準を明確化し，これを年間の生徒指導計画に盛り込むとともに，保護者はもとより，児童生徒に対してもその発達段階に応じて，毎年，丁寧に説明・確認を行うことが大切である。もちろん，校内研修等を通じて教職員間で共有し，一貫性のある生徒指導を行うことのできる共通理解と共通実践の体制づくりも必要不可欠である。

　個別の課題を抱える児童生徒の指導にあたっては，共感的な児童生徒理解に基づく，個に応じた指導・支援が求められるが，何より，問題解決に向けた「初期対応」が極めて重要であり，その成否がその後の指導を左右するといっても過言ではない。▷4 一人一人の教師が問題行動等の兆候や原因に気付く視点を磨くとともに，互いの気付きや疑問，指導上の悩み等を相談し合える風通しの良い職場づくりも，生徒指導を効果的に進める上では大切である。

　また昨今は，家庭環境をはじめとする児童生徒を取り巻く環境が問題行動等に影響を及ぼしている事例も少なくない。そうした事例では，いち早く家庭や関係機関に働きかける必要があり，校内外で情報を共有し，チームを組み，組織的に対応していくことが大切である。管理職のリーダーシップの下，校内の教職員に加えて，スクールカウンセラーやスクールソーシャルワーカーなどの専門家，場合によっては児童相談所や警察等の外部人材等を活用して組織的に対応することが重要となる。いわゆる「**チーム学校**」▷5 として，児童生徒を指導・援助し，また，家庭への支援も行いながら問題解決を図るのである。

　さらに，児童生徒の抱える課題に系統的に対応したり，問題行動等の再発防止を含めた継続的な支援を実施したりしてくためには，幼稚園から小学校，中学校，高等学校等への指導記録等の引き継ぎを含めた，地域全体の生徒指導体制の構築も大切になってくる。

　ここまで，生徒指導について，その内容や進め方などを概観してきたが，生徒指導には，「この問題にはこれ，こういった生徒にはこう…」というような「マニュアル」がある訳ではない。生徒指導の力は，大学等で学んだ理論や知識に基づき，実際に一つ一つ経験しながら身に付けていくものである。問題行動等の現状を見聞きすると「自分に対処できるだろうか」と不安になるかもしれないが，日々，目の前の児童生徒としっかりと向き合い，先輩教師の良い実践を見たり，周囲と会話を重ねたりしながら指導方法を身に付け，教師としての人間性や社会性も高めながら，一人前の教師へ成長していけばよいのである。

（赤木恭吾）

▷4　児童生徒への指導だけでなく保護者対応においても，初期対応の成否が問題の本質以上に，その解決に影響する場合があるということを強調しておきたい。（「コラム7　保護者とのコミュニケーション」参照）

▷5　正式には「チームとしての学校」と言う。（「Ⅰ－3　教員の服務と校務分掌」参照）

Ⅰ　教育実践とその理論

 学 級 経 営

 学級経営の目的と基本的な姿勢

　学級経営の目的は，学校生活の基本的な場である学級を，児童生徒が安心して自己実現に向け成長できる場にすることにある。そして，児童生徒にとって学校の中で最も身近な存在である学級担任が行う学級経営は，**開発的生徒指導**や**予防的生徒指導**の側面も持っている。そこでは，児童生徒は互いに刺激し合い，集団の持つ風土が個人の成長に大きく影響する。望ましい学級集団の中でこそ一人一人がよりよく成長することができる。したがって，学級経営の基本的な姿勢として求められることは，個々の児童生徒をそれぞれの背景も含め正しく理解し，一人の人間として尊重しつつ，活躍の機会を創り出し一人一人のよさや可能性を信じて伸ばすことであり，児童生徒同士がつながり支え合える関係（支持的風土）を育てていくことである。

**重要項目**
開発的・予防的生徒指導
学級経営方針
学級活動
特別支援教育の視点

## ② 学級経営の内容

### (1)学級経営方針の作成

　学級担任は年度の初めに学校教育目標や学年教育目標，そして学級の児童生徒の実態や特徴を踏まえながら設定した「目指す学級像」を念頭に**学級経営方針**を作成する。作成することで学級担任は理念を明確にする。そして，学級経営のあらゆる場面における判断や行動の指標や指針をもつことで，一貫性のある実践にもつながる。

### (2)好ましい人間関係や集団づくり

　好ましい人間関係とは，学級担任と児童生徒一人一人ならびに児童生徒相互の関係を指している。学級担任と児童生徒の信頼関係は，児童生徒が「先生は自分を理解して，支援してくれている」と実感できることから生まれ，児童生徒理解を基盤とした日々の関わりを通して確かなものになる。児童生徒相互の好ましい人間関係は，時にはぶつかり合うことも経験しながら，互いの違いを受け入れて支え合い高め合う経験を通して，日々の学校生活の中で醸成される。

【学級担任が，個々の児童生徒をより正しく深く理解するために行うことの例】
　・児童生徒の顔と名前を早く正確に覚える。
　・調査票等をもとに，児童生徒の生育歴や環境等を知る。

・生活ノート，アンケート，教育相談，日々の観察等を通して個々の児童生徒の長所や特徴，願いや課題を理解し，場面に応じた支援や指導を行う。

**【学級担任が，児童生徒相互の好ましい人間関係づくりのために行うことの例】**

▷1　学級活動
高等学校ではホームルーム活動という。学級活動は主に学級担任が指導する。学級経営の中でも，学級集団づくりの中核となる活動であり，学習指導要領では特別活動に位置づけられる。

・年度の初めに**学級活動**<sup>▷1</sup>の時間等を活用して児童生徒の話合いにより，学級目標や学級内のルールを明確にする。これは児童生徒が集団の一員としての自覚を持ち，目標をもって主体的に行動できるようにするためであり，学級の基調を創造することにもつながる。

・一人一人の児童生徒がより自己有用感を得ることができるように，生活班や係活動班等の小集団（4～6人）を編成する。発達段階によっては，児童生徒の話合いにより班を編成することにも意味がある。小集団の中では，過度の緊張感を持たずにより安心して行動でき，一人一人の発言や活躍の機会が増え，お互いがつながり合うことが期待できる。

・学級活動や学校行事は全ての児童生徒が活躍し，つながるチャンスであり学級担任として学級経営方針を踏まえた意図をもって指導することが重要である。

・児童生徒が最も多くの時間を過ごすのは日々の授業であり，教科等の授業を通して集団の風土が形成されることを忘れてはならない。

▷2　グループ・エンカウンター
カウンセリングの一形態で，集団で行うもの。互いの理解を深め，自分自身も受容していくことをねらいとする活動。教師が学級で意図をもって行うものは構成的グループ・エンカウンターと呼ばれる。

・児童生徒の人間関係づくりには構成的グループ・エンカウンター<sup>◁2</sup>等の活動も有効であり，学級担任は目的や場に応じた様々な手法を学び，知っておきたい。

## (3)教室環境の整備

　学級担任は教室が学習と生活の場として安全かつ快適なものであるよう絶えず点検し，整備に努めなければならない。

**【点検すべき項目の例】**（通常，各学校で点検表を作成している。）
・窓や戸の開閉は，スムーズにできるか。
・備品の転倒・落下防止はされているか。
・教室内に落書きや破損個所，危険個所，危険物は無いか。
・照明，採光，換気などはよいか。
・掃除道具や雑巾などは，整備・整頓されているか。
・必要な掲示物は掲示されているか，内容にプライバシーや人権的観点から不適切なものはないか，時期が過ぎているものはないか。

　学級担任は，点検結果に応じて迅速に対応するとともに，児童生徒が自主的に清潔で快適な環境を維持できるような配慮や工夫を凝らし，自分たちの教室の環境整備に参画し貢献できる機会を設けることが重要である。また，放課後の教室の机や椅子の並び様やロッカーの状態を観察することにより，学級や個人の状況を理解するための情報を得ることもできる。

## (4)特別支援教育の視点

　特別な配慮や支援を要する児童生徒について，何に困っているかを学級担任が理解し，その困り感に寄り添い基礎的な環境整備や配慮を行うことが大切である。**特別支援教育の視点**をもつことは，全ての児童生徒のための配慮にもな

り，好ましい人間関係づくりを促す効果も期待できる。

---

**【配慮の例】**
・一日の予定や授業の流れをいつでも確認できるように可視化する。
・掃除や給食の準備等の手順も同様に可視化する。
・苦手な活動には，代替の活動を選択できるように準備する。
・保護者や本人の了解を得ながら，他の児童生徒が該当生徒の特性を正しく理解し援できるように配慮する。特別支援教育支援員等が配置されている場合には，情報の共有を行うとともに，支援員の活動が学級集団に受け入れられるように配慮する。

---

## (5)家庭との連携

　学級経営を進めていく上で，学級担任と保護者が緊密に連絡を取り合うことを通じて互いの願いや考えを理解し，両者が連携・協力することは児童生徒の成長にとって大変重要である。そのためには，日々の連絡をはじめ学級通信等様々な機会を通じて担任の思いや考えを伝えるともに，家庭訪問や懇談等できるかぎりアンテナを広げて保護者の願いや考えを受け止めることが欠かせない。

## (6)チーム学校による開かれた学級経営

　いうまでもなく，学級経営の主役は学級担任であるが，教科担任制である中学校や高等学校では，各教科を担当する教師がそれぞれの学級に関わるが，教科によって学級の様子は異なり，活躍する児童生徒も異なる。また，近年，様々な目的で児童生徒の支援のためのスタッフも学級に関わっている。学級担任はこれらの教職員と連携協力することにより，より深く児童生徒や学級集団を理解し，指導や支援の幅を広げることができる。

## ③ 学級担任として

　学級担任として児童生徒と心を通わせながら，一人一人がそして学級集団が成長する姿をもっとも身近に実感できることは，教師の大きな喜びであり醍醐味でもある。成長過程にある児童生徒が集団生活をしていれば，様々な軋轢が生じることもあるが，それは互いに関わり合っている証ともいえる。また，児童生徒は様々な失敗をするものである。その失敗を成長のチャンスとして生かすことこそが教師の役目であり，根気強く支援を続けることにより，児童生徒への思いも更に深いものとなる。学級経営は，使命感，児童生徒理解力，生徒指導力，マネジメント力，コミュニケーション力等の教師が持っているあらゆる資質や能力を総動員して，創意工夫と試行錯誤を繰り返しながら，1年をかけて取り組む営みである。

（橋本拓治）

**参考文献**
岡山県教育委員会「新しい門出のために」−初任者研修資料−（平成28年）
岡山県総合教育センター「通常学級における特別支援教育の観点から見た　学級経営・授業づくり」（平成21年）
岡山市教育研究研修センター「教職への期待」（平成31年）
岡山県教育委員会「若手教員研修ハンドブック」（平成31年）
岡山市教育研究研修センター「学校における若手教員育成活用ハンドブック②学級経営編（小学校）」（平成30年）

# いじめ・不登校

重要項目
いじめ防止対策推進法
「どの子どもにも，どの学校（学級）にも起こり得る」
「進路」「社会」の問題
居場所づくりと絆づくり
社会的自立

▷1　いじめ定義の変遷
〈平成17年以前〉
　いじめは，自分より弱い者に対して一方的に，身体的・心理的な攻撃を継続的に加え，相手が深刻な苦痛を感じているものをいう。
〈平成18年～25年〉
　いじめは，当該児童生徒が，一定の人間関係にある者から，心理的，物理的な攻撃を受けたことにより，精神的な苦痛を感じているものをいう。

▷2　いじめ防止法に定められている重大事態
①いじめにより当該学校に在籍する児童等の生命，心身又は財産に重大な被害が生じた疑いがある
②いじめにより当該学校に在籍する児童等が相当の期間（30日以上を目安）学校を欠席することを余儀なくされている疑いがある

## 1　いじめの定義

　「**いじめ防止対策推進法**（以下，「いじめ防止法」という）（平成25年6月）では，いじめを以下のように定義している。<sup>◁1</sup>

> 第2条　児童等に対して，当該児童等が在籍している等当該児童等と一定の人間関係にある他の児童等が行う心理的または物理的な影響を与える行為（インターネットを通じて行われるものを含む。）であって，当該行為の対象となった児童生徒が心身の苦痛を感じているもの

　この定義によれば，被害児童等が心身の苦痛を感じたならば，その行為の内容や程度，頻度にかかわらず「いじめ」に該当することになる（表Ⅰ-2参照）。いじめっ子が，立場の弱いいじめられっ子に対して一方的に行うといった，多くの人々がイメージする「（社会通念上の）いじめ」よりも，非常に広範囲の行為が含まれることになる。また，「児童生徒の問題行動・不登校等生徒指導上の諸課題に関する調査（以下，「問題行動等調査」という）では，いじめを「発生件数」ではなく「認知件数」で集計している。

　これらは児童生徒の人間関係の多くを占める学校（学級）において，当該行為がいじめに当たるか否かを判断することより，いじめと疑われるものも含めて全てに対応すること，教師を含め周囲の者が自分の尺度で判定するのではなく，被害児童生徒やその保護者の痛みや苦しみ，それが生じた状況にしっかりと向き合うこと，そして何より，いじめによる重大事態の増加を踏まえ，被害<sup>◁2</sup>児童生徒の生命と尊厳を全力で守り抜くことが大切であるという考えが基盤となっている。

　いじめは「**どの子どもにも，どの学校（学級）にも起こり得る**」という認識

表Ⅰ-2　いじめ防止等のための基本的な方針」に例示されている「具体的ないじめの態様」

・冷やかしやからかい，悪口や脅し文句，嫌なことを言われる
・仲間はずれ，集団による無視をされる。
・軽くぶつかられたり，遊ぶふりをして叩かれたり，蹴られたりする
・ひどくぶつかられたり，叩かれたり，蹴られたりする。
・金品をたかられる
・金品を隠されたり，盗まれたり，壊されたり，捨てられたりする
・嫌なことや恥ずかしいこと，危険なことをされたり，させられたりする
・パソコンや携帯電話等で，誹謗中傷や嫌なことをされる　　　　　　　等

のもと，ひやかしやからかいといった，一見，軽微に見える様々な行為（いじめの兆候）に「気付く」ことこそが対応のスタートラインである。

## ② いじめ問題への対応

いじめ防止法の成立以来，いじめ防止に関する学校基本方針の作成や対策組織の設置など，「いじめ問題への対処」の取組は確実に進んでいる。また，アンケート等「早期発見」のための工夫も進み[3]，認知件数も年々増加している。学校は「いじめはあるもの」としてこれらの取り組みを進める一方で，教育活動全体を通じ，全ての児童生徒に「いじめは，いじめを受けた児童生徒の教育を受ける権利を著しく侵害し，その心身の健全な成長及び人格の形成に重大な影響を与えるのみならず，その生命又は身体に重大な危険を生じさせるおそれのある」「絶対に許されない」[4]行為であることの理解を促す「未然防止」の取組[5]もバランスよく推進することが重要である。

近年，スマートフォン等の所持率の増加等，SNSを介したインターネット空間で行われるいじめの見えにくさや深刻化が問題となっている。一人ひとりの「気付き」が抱え込まれることなく，きちんと共有され，組織的対応につながるよう，日頃からの風通しのよい学校づくりが求められる。また，情報モラル教育をはじめ，保護者・地域と連携した取り組みの推進も重要である。

## ③ 不登校（長期欠席）の定義

問題行動等調査による不登校とは，以下のように定められており，小中高合わせて約19万人に上る。

> 年度間に連続又は断続して30日以上欠席した児童生徒のうち，何らかの心理的，情緒的，身体的あるいは社会的要因・背景により，児童生徒が登校しないあるいはしたくてもできない状況にあること（ただし，病気や経済的理由によるものを除く）

この定義によれば，不登校以外にも様々な理由で学校を30日以上欠席している児童生徒（長期欠席児童生徒）がいる（図Ⅰ-7）ことになり，その数は少子化の進展で全体の児童生徒数が年々減少しているにもかかわらず増加の一途を辿っている。長期欠席児童生徒数を1学級（40人）当たりに換算すると，小学校で0.4人，中学校で1.7人，高等学校で1.0人となり，学級担任になれば誰もが対応しなければならない状況にある。

▷3 学校で定期的に実施するアンケートの他，LINE等のSNS相談，STOP it等の専用アプリを活用した相談・報告システムの運用も始まっている。

▷4 「いじめ防止等のための基本的な方針（平成25年策定・29年改訂 文部科学大臣決定）

▷5 「いじめ防止等のための基本的な方針（2013年策定・2017年改訂）には，未然防止の取組例として「児童生徒の豊かな情操や道徳心，自分の存在と他者の存在を等しく認め，お互いの人格を尊重史会える態度など，心の通う人間関係を構築する能力の素地」「いじめの背景にあるストレス等の要因に着目し，その改善を図り，ストレスに適切に対処できる力」「全ての児童生徒が安心でき，自己有用感や充実感を感じられる学校生活づくり」が挙げられている。

図Ⅰ-7 理由別長期欠席児童生徒の関係

▷6 教育支援センター（適応指導教室）などの公的機関や，フリースクール・フリースペースなどの民間団体，全ての教育を家庭で行うホームスクーリング等。

▷7 内閣府推計（平成17年調査）によると，ひきこもりの人数は54万人（15歳〜39歳）とされるが，潜在化・長期化・高齢化が進行し，80歳を超える親の50代「子ども」への生活支援や老後破産などの「80・50問題」等が喫緊の課題となっている。

▷8 中学校学習指導要領解説には「不登校児童生徒の状況によっては，休養が必要な場合もあることも留意しつつ」と明記されている。

▷9 「友だちがいるから」「勉強が楽しいから」「給食が楽しみだから」「先生が話をよく聞いてくれるから」等

▷10 「対人関係」，「欲求充足」，「目標達成」，「信念」の4つのボンド（森田洋司 平成15年）

▷11 不登校児童生徒への支援は「不登校の児童生徒が一人一人の個性を活かし社会へと参加しつつ充実した人生を過ごしていくための道筋を築いていく活動への援助」である。（「生徒指導提要」平成22年）

参考文献
岡山県教育委員会「岡山型長期欠席・不登校対策スタンダード」（平成31年3月）

## ④ 不登校（長期欠席）の課題と対応

社会の進展に伴い，価値観が多様化したことにより，保護者の学校教育に対する考え方も多様化してきたと言われる。学校教育法で定められている「学校」以外の場で子どもを育てるという家庭も出てきており，広い意味では「学校だけが学びの場ではない」というのも間違いではないだろう。一方，明治以降の我が国の発展を支えてきたのは，義務性・無償性・中立性を原則とした公教育システムであることも事実である。

では，不登校（長期欠席）の課題とは何か。文部科学省が行った不登校生徒のその後を追った調査（「不登校に関する実際調査」平成26年7月）によると，中学3年段階で不登校状態にあった生徒の高校中退率や大学進学率，その後の就業率等に，不登校でなかった生徒達との間に大きな差が生じており，児童生徒のその後の「進路」に大きく影響している可能性が示された。また，不登校がひきこもりの入り口となる可能性を指摘し，納税者として高齢化社会を下支えする就労人口の減少に影響を与える「社会」の問題としての側面もある。

近年，文部科学省の通知にも「不登校の時期が休養や自分を見つめ直す等の積極的意味をもつ」，「個々の不登校児童生徒の休養の必要性を踏まえ」等，これまでの不登校対策とは違った視点での対応が盛り込まれつつある。確かに，いじめの被害等，多くのストレスにさらされている児童生徒の中には「休養」が必要な者が多数存在するのも事実だが，それはあくまでも「状況によっては」であり「場合もある」ということに注目すべきであり，原則的には，全ての児童生徒が休養を必要としない学校（学級）づくりこそが目指されるべき姿であろう。全ての児童生徒が安心して登校できる「居場所づくり」が必要である。

とかく，不登校の児童生徒は「なぜ学校に来られないのか？」と考えられがちであるが，そもそも，児童生徒は「なぜ学校に来る」のだろう。そこには一人ひとりの「登校動機」が存在する。児童生徒によっては「時には友だちとケンカもするけれど，家に一人でいるよりはいい」といった動機もあるかもしれない。児童生徒と学校とをつなぎ止めている「社会的絆（ソーシャルボンド）」を可能な限り増やし，一本一本を太くする「絆づくり」を行い，学校が児童生徒にとって魅力的な場となることも大切である。

不登校児童生徒への支援の最終目標は一人一人の「社会的自立」であり，決して「学校復帰」が最終ゴールではない。しかし，現実に不登校は生徒指導上の大きな課題の一つであり，それ以上に，児童生徒の社会的自立を目指す「学校の存在意義」そのものが問われているといってもよいだろう。

（髙橋典久）

## I　教育実践とその理論

 特別な支援を要する子ども

 特別支援教育の理念

　障害により特別な配慮を必要とする児童生徒に対して，盲・聾・養護学校等，特別な教育の場を設けて指導を行う従来の「特殊教育」から，特別な教育的ニーズのある児童生徒が在籍する全ての学校において適切な支援及び指導を行う**「特別支援教育」への転換**が，学校教育法の改正により平成19年からスタートして10年以上が経過した。

　従来の特殊教育においては，視覚障害者を対象とする盲学校，聴覚障害者を対象とする聾学校，知的障害者，肢体不自由者及び病弱者を対象とする養護学校を設置し，障害の種類や程度に応じてきめ細かい指導が行われてきた。盲学校と聾学校は昭和23年に，養護学校は昭和54年に義務化が開始となり，障害のある児童生徒の就学機会が保障されている。また，小・中学校においても，障害の程度に応じて特殊学級における指導及び通級による指導が行われてきた。しかし，通常学級に在籍する学習障害（LD），注意欠如・多動症（ADHD），知的な遅れを伴わない自閉症スペクトラム障害などにより特別な教育的支援を必要とする児童生徒の多くは，特殊教育の対象とはされず，適切な支援が十分受けられているとはいえない状況であった。

　世界的な動向に目を向けると，イギリスにおいては1978年に，障害児・者教育調査委員会報告（ウォーノック報告）によって，特殊教育の対象を，障害のある児童生徒ではなく，「特別な教育的ニーズ」のある児童生徒とする考え方が用いられた。また，1994年にスペインで開催された特別なニーズ教育世界会議においては，「特別なニーズ教育における原則，政策，実践に関するサラマンカ声明」（サラマンカ声明）が採択された。この採択では，すべての子どもに教育を受ける権利があるとし，特別な教育的ニーズにある児童生徒も通常の学校へアクセスし，ニーズに応じた適切な教育を受けることができる，「**インクルーシブ教育**」が提唱された。

　2006年には，国連総会において障害者の権利に関する条約が採択され，障害を理由とする差別の禁止，障害者の社会参加，条約の実施を監視する枠組みの設置などを定めている。日本においても障害者基本法の改正ならびに障害を理由とする差別の解消の推進に関する法律（障害者差別解消法）の成立など関連法の整備を経て，平成26年に同条約を批准している。同条約では教育分野に

▷1 教育分野における合理的配慮の提供の例として，内閣府ホームページには，「聴覚過敏の児童生徒のために机・いすの脚に緩衝材をつけて雑音を軽減」したり，「視覚情報の処理が苦手な児童生徒のために黒板周りの掲示物情報を減ら」したりすることなどが挙げられている。

▷2 自立活動の内容としては，健康の保持，心理的な安定，人間関係の形成，環境の把握，身体の動き，コミュニケーションの6区分，合計27項目で示されている。

▷3 障害の特徴や学習上の特性から，生活にむすび付いた実際的で具体的な指導が効果的であること等から，学校教育法施行規則第130条第2項に各教科等を合わせて指導できることが示されている。各学校の週時程表にも，国語や算数の教科名の他に，日常生活の指導，生活単元学習，遊びの指導，作業学習等の各教科等を合わせた指導の名称が見られる。

ついて，「障害者を包容するあらゆる段階の教育制度及び生涯学習を確保する」として，インクルーシブ教育システムの構築を定め，その実現のために「**合理的配慮**<sup>◁1</sup>」が提供されることを定めている。つまり，インクルーシブ教育システムが目指すのは，個々のニーズに応じて必要な変更や調整が提供されることにより，障害があっても地域において一般的な教育制度によって教育が受けることのできる教育システムであるということができる。

日本におけるインクルーシブ教育システムの構築にあたり，文部科学省は特別支援教育を着実に推進していくことが不可欠であるとしている。障害の有無に関わらず可能な限り共に学ぶことを基本的な方向として目指すと同時に，障害のある児童生徒の可能性や能力を最大限伸長し，特別な教育的ニーズにきめ細かく対応する指導を提供するために，通常学級，通級指導教室，特別支援学級，特別支援学校を連続性のある「多様な学びの場」として設け，教育を行うこととしている。また，就学についても，学校教育法施行令第22条の3に定められる就学基準に該当する児童生徒は原則的に特別支援学校へ就学するこれまでの仕組みから，保護者や本人の意見を最大限尊重したうえで，専門家の意見などを踏まえ，最終的に教育委員会が判断する仕組みへと改められるとともに，就学先での十分な教育が受けられるよう，「合理的配慮」が提供されることとしている。

## ② 特別支援教育の実際

特別支援学校は，比較的障害の重い児童生徒を対象に，「幼稚園，小学校，中学校又は高等学校に準ずる教育を施すとともに，障害による学習上又は生活上の困難を克服し自立を図るために必要な知識技能を授けることを目的」として教育を行うと学校教育法第72条において定めている。「準ずる教育」とは，幼稚園，小学校，中学校又は高等学校の教育より劣ることを意味するものではなく，障害種によってその違いはあるものの，幼稚園，小学校，中学校又は高等学校のそれと概ね同一という意味合いであり，各教科や特別活動の指導などが設定されている。特別支援学校の教育課程における主な違いは「自立活動」<sup>◁2</sup>領域や，教科等を合わせた指導<sup>◁3</sup>が設けられている点である。この自立活動の指導が，「障害による学習上又は生活上の困難を克服し自立を図るために必要な知識技能を授ける」ための中心となる指導であり，特別支援学校においては教科等の指導と自立活動の指導とを密接に関連づけて指導が行われている。

また，特別支援学校は，在籍する児童生徒に対する教育だけでなく，インクルーシブ教育システム構築のために，小・中・高等学校の要請に基づいて特別な教育的ニーズのある児童生徒の教育に関する助言や援助を行う，いわゆる「センター的機能」を担うことが学校教育法第74条に定められている。これにより特別支援学校においては，学校長が指名した**特別支援教育コーディネー**

ターを中心に，センター的機能のための校内委員会を設けて組織的な地域支援などの対応が行われている。平成27年度の文部科学省調査でも，センター的機能を担当する分掌・組織を設けている特別支援学校は9割を超えている。[4]

　特別支援学級は，障害による学習上または生活上の困難を克服するための教育を行うことを目的として小・中学校に設置されている。障害種別ごとに少人数の学級を編成し一人ひとりに応じた指導が行われている。

　通級による指導とは，軽度の障害がある児童生徒を対象として，大部分の授業を通常の学級で受けながら一部の時間を特別の教育課程により障害に応じて実施する特別の指導で，小・中学校及び高等学校で行われている。

　「特別支援教育」は従来特殊教育の対象であった児童生徒だけでなく，知的な遅れを伴わない発達障害を含めた特別な教育的ニーズのある児童生徒も対象[5]としており，特別な教育的ニーズのある児童生徒が在籍するすべての学校において行われるものであることを理解し，通常学級における授業づくりや学級経営においても特別支援教育の視点を取り入れていくことが求められる。

　特別支援教育を一層推進し，特別な教育的ニーズのある児童生徒の生活をより良くしていくツールとして活用が求められるのが**「個別の教育支援計画」**と**「個別の指導計画」**である。個別の教育支援計画は，長期的視点に立ち，教育，医療，福祉，労働など関係機関の連携のもと，乳幼児期から卒業後まで一貫した教育的支援を行うことを目的として作成されるものである。作成にあたっては，長期的な視点に基づいて一貫した支援を計画することが重要であるが，これは乳幼児期から卒業後までの計画を一度に作成することを意味するものではなく，あくまでも乳幼児から卒業後までの一貫した教育的視点から，2〜3年の見通しを立てて作成し，それを不断に見直し，修正・改善をはかることが重要である。また，計画を効果的に運用するためには，特別支援教育コーディネーターを中心とした校内委員会による校内及び関係機関との連絡・調整，及び連携が必要である。加えて，保護者に対しても計画の目的や運用方法，管理や引き継ぎについて十分な説明を行い，その必要性を理解してもらうために必要に応じて面談を実施するなど，継続的な取り組みが必要である。

　個別の教育支援計画とともに作成，活用が求められるのが個別の指導計画である。個別の指導計画は，特別な教育的ニーズのある児童生徒の1年間の指導目標や内容，配慮事項について計画的，組織的に行うために児童生徒一人ひとりについて作成される。特別な教育的ニーズのある児童生徒の校内における支援内容や方法について教職員間の共通理解を促進し，効果的な支援体制づくりを行うためにも，個別の教育支援計画同様，適切に作成し，運用することが必要である。

（宮﨑善郎）

▷4　提供内容としては，小・中学校等の教員に対する支援，研修協力，障害のある児童生徒への指導・相談，施設設備等の提供などが行われていることが分かっており，特別支援学校の主要な教務の一つとなっていることがうかがえる。

▷5　文部科学省が平成24年に実施した「通常の学級に在籍する発達障害の可能性のある特別な教育的支援を必要とする児童生徒に関する調査」によると，公立の小・中学校に，学習面又は行動面において著しい困難を示す児童生徒の割合が推定値で6.5%であったことを報告している。

# コラム 7　保護者とのコミュニケーション

**重要項目**：「良さ」を伝える　傾聴スキル　心理的事実と客観的事実

## 1　コミュニケーションの必要性

　学習指導や生徒指導等，児童生徒に対する指導は学校だけで完結するものではなく，地域や保護者との連携・協力が必要不可欠である。しかし，教職志望の学生達が抱く将来への不安として，いじめや不登校の対応等と並んで保護者対応が上位に挙げられる等，教師にとって保護者との関わりは大きな課題でもある。特に，保護者のニーズも多様化し変化し続けている現代では，その願いを適切に把握し，互いの役割を理解し合いながら，その教育力を最大限に発揮してもらうための努力は不可欠であり，その基盤となるコミュニケーションの必要性はますます高まっている。

　保護者連絡[◁1]は，単に事実のみを伝えるのではなく，まずは学校生活全体におけるプラスの情報，その児童生徒の**「良さ」を伝える**ことが重要である。「良さ」に関する情報提供は，担任教師が我が子をいつもよく見守り，良い面を積極的に伸ばそうとしてくれているという保護者の安心感につながり，教師との信頼関係を強化し，将来起こりうる問題の早期発見と対応を可能にする。

## 2　苦情（クレーム）の考え方

　若手もベテランも苦情（クレーム）がくれば憂鬱になる。しかし寄せられる苦情を，児童生徒との関係や自分の実践を振り返る契機と捉え，苦情を寄せる保護者も，裏を返せば，自分の教育活動に関心を寄せ，期待してくれているのだと考えることができれば，一時的なすれ違いも適切な対処やその後の強い信頼関係を得られるチャンスとなる。苦情連絡を受けた際は，基本的な**傾聴スキル**[◁2]を徹底し，誤解をいきなり訂正するのではなく，時には「不安やお怒りの気持ちにさせてしまったことについては，申し訳ありません」と謝罪し，まずは保護者の**「心理的事実」**に寄り添った後に，「実際には…」と誤解を解くための話をして**「客観的事実」**を伝えるなど，保護者の気持ちを理解しつつ，教師が問題に真剣に向き合っているという姿勢を伝えることが重要である。

　児童生徒のより良い成長という同じ願いを持つパートナーとしての信頼関係を構築するために，保護者も教師も「褒められたらうれしい」という当たり前のことを念頭に置き，共感的に理解しようとする姿勢を持つことがコミュニケーションの第一歩である。時には，一方的な要求を突きつける保護者と向き合わねばならない場面に遭遇することもあるだろう。そんな時，「あの親は…」という先入観に囚われることなく接することが重要だ。「困った親は困っている親」なのである。

　▷1　日々の連絡では，学級通信，連絡帳，電話連絡等の間接的な連絡方法が中心となるが，問題行動等に関する連絡では，可能な限り，家庭訪問や来校してもらって行う面談等の直接的な方法を選択することが重要である。

　▷2　たとえば，①相づちや頷きを入れながら聴く，②保護者の考えに共感しながら聴く，③言いたいことがあっても話を途中で遮らない，などがある。

（髙橋典久）

# コラム 8 教 育 相 談

**重要項目**：レジリエンス　生徒指導との関連　カウンセリングマインド

## 1　学校における教育相談の意義

教育相談は，学習面，進路面，心理社会面，健康面など一人一人の児童生徒の様々な教育上の諸問題について，児童生徒自身またはその保護者や教師などに，望ましい在り方について行う助言や援助である。個人がもつ悩みや困難に対し，その課題解決のプロセスに寄り添う活動であり，単に目前の困難事象からの脱却に留まらず，**レジリエンス**▷1の向上が究極の目標となる。

その意味では，社会的資質や行動力，自己指導能力の育成を目指す**生徒指導との関連**が極めて強く，教師の特徴を活かして的確に助言・支援することによって，その人格の成長への援助が図られるという意義がある。

## 2　教育相談の方法と内容

生徒指導同様，教育相談は学校生活の様々な場面で，全ての児童生徒を対象に，全ての教職員が行うものであるが，その方法と内容は幾つかの階層に分けられる。

最も狭義の教育相談は，「定期的な個別面談等の教育相談」である。もう少し広い意味では，「いつでも，どこでも，誰でも行う教育相談」▷2がある。相談時間や回数は，繰り返し行われるものもあれば，一回で終了するも場合もあり，相談場所も教育相談室に限らず，教室や中庭のベンチ等，様々である。そして，最も広義の教育相談が「発達促進的・予防的教育相談」または「育てる教育相談」と言われ，心理教育的活動（表Ⅰ-3）により人間関係形成能力等の発達を促し，不適応を予防する活動である。学級や学年，時には全児童生徒を対象に特別活動として実施される。

**表Ⅰ-3　教育相談で活用できる心理教育的活動**

・グループエンカウンター
・ピア・サポート活動
・ソーシャルスキルトレーニング
・アサーショントレーニング
・アンガーマネージメント
・ストレスマネジメント教育
・ライフスキルトレーニング　　等

## 3　カウンセリングマインドが基盤

教育相談の基盤は「**カウンセリングマインド**」である。しかし，それは教育相談に限らず，授業や日常的な児童生徒との関わりにおける，教師の受容的，共感的な応答等，児童生徒に対する温かい態度全般のことであり，必要不可欠な教師の基本姿勢である。児童生徒や保護者との信頼関係や児童生徒理解に基づく助言・支援こそが児童生徒らを勇気づけ，人格の成長に資するということを常に念頭に置きたい。

▷1　Resilience
「回復力」「復元力」「弾力性」とも訳される。再度，同様な事態に直面しても「何とかできそうだ」と考えることができるしなやかさのこと。

▷2　教師が気になる児童生徒を呼び出して行う「呼び出し相談」，廊下等で出会った児童生徒に教師が声をかけたことで始まる「チャンス相談」の他，養護教諭やスクールカウンセラー等に依頼して行う「依頼相談」，児童生徒や保護者が自ら申し出て行う「自主相談」などがある。

（髙橋典久）

# II

## 学校教育のデザイナーとしての教員

　過去 20 年にわたる先進諸国の教育改革を大きく見れば，同じキーワードで総括することができる。規制緩和と権限委譲である。明治の近代教育制度の創始以来，"上から"学校を設計する傾向の強かった日本でも，緩やかではあるがそうした動きが広がりつつある。第 II 部では，こうした新しい時代の教員の，新しい職務について考察する。

　"学校教育のデザイン"とは，子どもたちに最適な学びの環境を用意するためのすべての職務を指している。この大きな責任を担う自覚をこれからの教員はしっかりもっていなければならない。かつてであれば，こうした業務は教育委員会や学校の一部の管理職だけのもので，しかも狭い範囲で遂行されてきた。しかし今日の学校では，それを他人まかせにすることは許されない。すべての教員と地域社会が一体となった関与が求められるようになっている。

　教員にとって学びを指導する力が重要なのはいうまでもないが，学びの環境をつくる力もこれからはますます重要になっていくだろう。

# 学校教育の法体系

**重要項目**
法律主義の原則
法令の階層性
教育基本法
学校教育法
学校教育法施行令と学校教育法施行規則

▷1　日本国憲法第26条
1 すべて国民は、法律の定めるところにより、その能力に応じて、ひとしく教育を受ける権利を有する。
2 すべて国民は、法律の定めるところにより、その保護する子女に普通教育を受けさせる義務を負う。義務教育は、これを無償とする。

▷2　教育基本法の各条文の新旧をくらべるだけでも、わが国の教育が新たに目指すところがどこなのかを見てとることができるだろう。教育基本法の新旧対象は資料編参照。

戦後日本の教育制度は法律によって、その方向性が決められている。これを**法律主義の原則**という。この原則に従って、これまでも多くの教育法令が制定、改正されてきた。どのような制度改革であっても、わが国では法令の定めをまって実行される。教育改革の時代といわれる今日、教育法令の改正のスピードと量はこれまでになく増大しつつある。

教育法令は、全体として階層的な体系性をもっている（**法令の階層性**）。つまり上位の法令ではより簡潔かつ理念的に、下位の法令ではより詳細かつ具体的に、という構造がとられているのである。この階層性の頂点にあるのが日本国憲法である。いかなる法令であっても日本国憲法を逸脱することは許されない。教育にかんしては、その第26条に規定がある。[1] 文字数にしてわずか100ほどであるが、教育にかかわるすべての法令は、その理念を実現するためにあるといってもいい。

この日本国憲法の精神にのっとり、「我が国の未来を切り拓く教育の基本」を確立し、その振興を図るために定められたのが**教育基本法**である。教育基本法が最初に公布されたのは、日本国憲法公布の翌年の1947年であるが、2006年にその全部が改正された。

教育基本法は条項の数にして、改正前で全11条、改正後では全18条からなる。[2] 日本国憲法にくらべて詳細な規定がなされているが、それでも原稿用紙10枚に満たない分量である。あくまでそれは「教育の基本」を原則的なかたちで示したものである。教育基本法の最後の条項が「この法律に規定する諸条項を実施するため、必要な法令が制定されなければならない」と定められていることからも判るように、教育制度の設計や運営にかかわる具体的な規定は別の法令に委ねられている。実際、多くの法律が教育基本法に示される理念のもとに整備されている。たとえば、第12条の社会教育の条項を受けて「社会教育法」が定められ、第16条の教育行政の条項にかかわる詳細を定めるのが「地方教育行政の組織及び運営に関する法律」である、といった具合にである。

当然ながら教育基本法には、多くの法令が階層的に続く。このうち、教職に就くものにとってもっとも重要なのが**学校教育法**である。これは教育基本法の第6条の学校教育の条項の詳細を定めるものである。学校とはどのようなもの

で，どう運営されるべきかといった学校制度のアウトラインは，この法律ではじめて示される。

　学校教育法は，附則を除いても140条を越える長大なものである。また，教育基本法とは異なって具体性の高い法律なので，その改正は頻繁になされている（学校教育法の最初の制定は，教育基本法と同じ1947年である）。今日までの多くの学校制度の改革は，大なり小なり学校教育法の改正を経て実現されてきたものである。

　学校教育法は日本の学校制度の設計図といってもいい法律である。その第1条は「学校の定義」から始まる。ここでは幼稚園・小学校・中学校・義務教育学校・高等学校・中等教育学校・特別支援学校・大学・高等専門学校の9種類の学校名が挙げられたのち，あとに続く条文でそれぞれの学校の目的，組織ならびに運営のあり方等が個別に規定されていく。

　学校教育法第1条に掲げられた9種類の学校を「一条校」と呼ぶ習慣がある。この一条校以外に，学校教育法は「専修学校」および「各種学校」についても規定している。これらが日本で学校と呼ばれるもののすべてであり，それ以外の機関が「学校」を名のることは許されていない。それゆえ，たとえば保育所は法的には学校でもなければ教育機関でもない。保育所は日本では福祉の機関と位置づけられており，学校教育法ではなくて児童福祉法に根拠をおく。管轄官庁も文部科学省ではなくて厚生労働省である。また，いわゆる英会話スクールなどでも学校とはされていないものが少なくない。それらは法的には商店や企業と同等のサービス機関であり，文部科学省の監督も受けない。

　学校教育法は日本国憲法や教育基本法よりも分量的にはるかに大きな法律であるが，それでもわが国の学校制度にかかわる規定をすべて網羅するものではない。学校教育法のなかには「～については政令で定める」といった条文や，「～に関する事項は文部科学大臣が定める」といった条文が設けられている。これらは行政機関（内閣や省庁）に規定の詳細を委ねる趣旨である。これを受けて内閣や省庁は，学校教育法の施行において必要な事項を命令という形式で定める。内閣が定めるものが**学校教育法施行令**，文部科学大臣が定めるものが**学校教育法施行規則**である。たとえば，特別支援学校への就学にかかわる障害の程度は，学校教育法ではなくて学校教育法施行令に定められている。

　また教員にとっての重大な関心事項である学校の教育課程についても，学校教育法に規定はない。その詳細が示されるのは学校教育法施行規則においてである。たとえば小学校であれば，国語・社会・算数・理科・生活・音楽・図画工作・家庭・体育という教科名やその年間授業時間数は学校教育法施行規則ではじめて示される。

　さらにそれぞれの教育課程に含まれるべき教育内容については，学校教育法

▷3　法律と命令
三権分立制をとるわが国では，立法権は国会に帰属する。法律とは，国会が制定する法の形式である。国会は憲法によって「唯一の立法機関」と定められている。しかしながら，法律の実施のために必要な細則を定める場合や，法律そのものが立法権を行政機関に委任している場合などは，行政機関による立法がなされることもある。この形式の法を命令という。一般に，内閣が定める命令が政令，各省大臣が定める命令が省令である。学校教育法の関連でいえば，学校教育法施行令が政令，学校教育法施行規則が文部科学省令にあたる。

施行規則とは別に文部科学大臣によって示されることになっている。これが学習指導要領（幼稚園の場合は教育要領）である（学習指導要領の詳細についてはⅠ-１参照）。

　このようにわが国の教育制度は，日本国憲法から文部科学省令にいたるまでの階層的な法令体系のなかで維持されている。教員はもとより，教育制度にかかわるものなら誰しもこうした体系について知っておかなければならない。なぜなら学校内外を問わず，日々の教育活動のすべての面において，そのあり方や判断基準を与えるものは，わが国の場合，究極的にはこれらの法令だからである。

（山口健二）

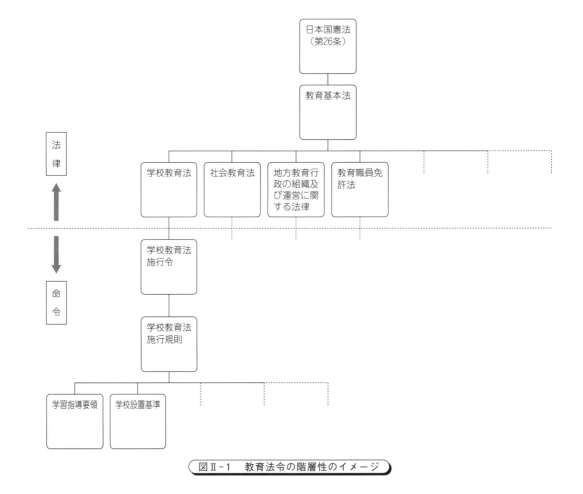

図Ⅱ-1　教育法令の階層性のイメージ

Ⅱ 学校教育のデザイナーとしての教員

 # 2 中央集権から地方分権・学校分権

　1980年代後半の日本では，社会の成熟化や国家財政の悪化等を背景として，社会制度全般における地方分権や規制緩和を進める必要性が指摘されるようになった。特に，1993年の衆参両院による地方分権の推進に関する決議を契機として，国と地方公共団体の関係が見直されるようになり，社会制度全般の改革が本格的に進められることとなった。この地方分権改革は，住民にとって身近な行政について，地方公共団体が自主的・総合的に担うとともに，地域の諸課題に住民が自らの判断と責任で取り組むことができるようにするためのものである。1999年には，地方自治法をはじめとした関係法の一括改正を目的とした**地方分権の推進を図るための関係法律の整備等に関する法律（地方分権一括法）**が制定され，国と地方の関係を上下・主従の関係から対等・協力の関係に変化させ，機関委任事務制度の廃止や国の関与にかかる基本ルールの確立などにより，住民主導の個性的で総合的な地方分権型行政システムの構築が図られた。

　教育行政についても，中央教育審議会答申「今後の地方教育行政の在り方について」（1998年）を踏まえ，**地方教育行政の組織及び運営に関する法律（地教行法）** が地方分権一括法によって改正された。この改正は，国と地方の役割分担を見直すことを主眼としており，文部科学大臣から都道府県・市町村又は都道府県から市町村への指導・助言・援助が「行うものとする」から「行うことができる」に改められたこと，都道府県教育長の任命にあたって必要とされた文部科学大臣の承認に関する規定が削除されたことなどが挙げられる。

　2006年に改正された教育基本法の第16条では，「国と地方公共団体との適切な役割分担及び相互の協力の下，公正かつ適切に行われなければならない」と定められた。この規定は，教育が，国民の代表者から構成される国会が制定した「法律の定めるところにより行われる」とし，国と地方公共団体との役割分担や協力が，本来，国民全体の教育意思を反映した教育行政の実現に向けたものであることを求めている。これに続く第17条では，教育基本法に定められた理念の実現と，「教育の振興に関する施策の総合的かつ計画的な推進」を図るため，政府として教育振興基本計画を策定するとしている。**教育振興基本計画**は，教育政策に関する基本的な方針と，今後5年間の教育政策の目標・施策を示すものであり，「国会に報告するとともに，公表しなければならない」と定められている。その上で，地方公共団体は，政府による「計画を参酌し，その地域の実情に応じ，当該地方公共団体における教育の振興のための施策に

**重要項目**
地方分権の推進を図るための関係法律の整備等に関する法律（地方分権一括法）
地方教育行政の組織及び運営に関する法律（地教行法）
教育振興基本計画
学校評価

▷1　教育委員会の委員を住民による公選制としていた教育委員会法の廃止に伴って，1956年に制定された法律である。教育委員会の設置，学校その他の教育機関の職員の身分取扱い，その他地方自治体における教育行政のしくみ・運営について定められている。

関する基本的な計画を定めるよう努めなければならない」とされている。

　2007年には，中央教育審議会答申「教育基本法の改正を受けて緊急に必要とされる教育制度の改正について」を受けて，地教行法の改正が行われた。そこでは，まず，地方における教育行政が「教育の機会均等，教育水準の維持向上及び地域の実情に応じた教育の振興が図られるよう，国との適切な役割分担及び相互の協力の下，公正かつ適正に行われなければならない」との基本理念が示された。その上で，教育の地方分権▷2に関しては，教育委員数の弾力化や教育委員への保護者選任の義務化などが定められた。これらは教育委員会における教育委員の役割を強化することを通じて，地域の実情に応じた教育の振興を保障しようとするものといえる。

　教育委員会には，自律的な活動を推進すると同時に，自らの活動を点検・評価し，その改善に継続して取り組んでいくことが求められた。具体的には，教育委員会は，毎年，教育長・事務局の事務執行を含む教育委員会の事務の管理・執行の状況を，教育に関する学識経験を有する者の知見を活用しながら点検・評価することが義務づけられた。この点検・評価は，教育行政の基本的な方針の策定等とともに，教育長に委任せずに教育委員会が管理・執行しなければならない事項であることが明記されている。また，自己点検・評価の結果をまとめた報告書を議会に提出するとともに，公表しなければならないと定められており，教育委員会自らが行った点検・評価が，地域住民の代表である議会において評価される仕組みを導入することが求められている。これは，教育行政が地域住民の中から選任された委員で構成される教育委員会により策定される点を考慮し，それに沿って実際の教育行政が執行されているかについて，教育委員会自らがチェックし，地域住民に説明する責任を果たさなければならないといった考えに基づいている。

　こうした教育委員会が自らの事務の管理・執行状況を点検・評価する施策は，教育委員会制度の活性化を通じて，地域の実情に応じた教育の振興を図ろうとするものであるといえる。そのため，点検・評価の方法，報告書の様式，議会への報告や公表の方法等も，国によって共通の基準が定められず，各教育委員会が地域の特色や課題等に応じて適切に設定することが求められている。

　なお，社会制度全般の地方分権改革は，2007年に発足した地方分権改革推進委員会による勧告を受けて，地方の自主性を強化し，自由度の拡大を図るための規制緩和や権限移譲を推進する観点から，2011年以降に数次にわたって成立した**地域の自主性及び自立性を高めるための改革の推進を図るための関係法律の整備に関する法律**に則して行われている。特に，2014年以降，地方に対する権限移譲や規制緩和に関する提案募集方式が導入され，国ではなく，地方が自らの発意によって選択・実施する地方分権改革が進められている。こうした中，教育行政についても，たとえば，いわゆる第1次一括法（2011年）で

▷2　地方公共団体の行政機関には，一人で権限が行使できる独任制の機関（首長など）と，複数の委員による合議制の機関（行政委員会）がある。教育委員会は，政治的中立性や経済的公平性が厳しく問われる領域を扱う行政委員会の一つであり，教育行政が一般行政（首長）から相対的に独立するべきという考えに基づいている。

は，市町村立幼稚園の設置廃止等にかかる都道府県教育委員会の認可が届出に変更されている。第4次一括法（2014年）では，教職員定数及び学級編制基準の決定権限の道府県教育委員から指定都市への移譲や，指定都市の人事権者と給与負担者が異なる「ねじれ」状態の解消などが定められた。

　学校についても，中央教育審議会答申「今後の地方教育行政の在り方」が示されて以降，それまで教育委員会が有していた権限の一部を学校に委譲し，学校が自らの責任の下に学校を運営する体制づくりを進めるための措置が講じられた。たとえば，2007年の地教行法の改正による学校運営協議会を設置した学校の指定などは，学校が保護者や地域住民とのニーズを適切に学校運営に反映させることを通じて，学校の自律的な活動を実現する施策である。

　また，2007年の学校教育法の改正により，自らの教育活動その他の学校運営の状況について**学校評価**を行い，その結果に基づいて「学校運営の改善」を図るために必要な措置を講じることにより，教育水準の向上に努めなければならないこととされた。これを受けて学校教育法施行規則では，当該校の教育活動その他の学校運営の状況について，①自己評価の実施・その結果の公表を行うこと，②自己評価の結果を踏まえた保護者等による学校関係者評価の実施・公表に努めること，③自己評価・学校関係者評価の結果を設置者に報告することが定められている。

　文部科学省は，「学校評価ガイドライン［平成28年改訂］」を作成し，学校評価の実施手法を①各学校の教職員が行う「自己評価」，②保護者，地域住民等の学校関係者による「学校関係者評価」及び③学校運営に関する外部の専門家による「第三者評価」の3つの形態に整理している。第三者評価は，法令等に位置づけられていないが，「学校とその設置者が実施者となり，学校運営に関する外部の専門家を中心とした評価者により，自己評価や学校関係者評価の実施状況も踏まえつつ，教育活動その他の学校運営の状況について専門的視点から行う評価」とされている。また，各学校には，これら3つの「学校評価を学校・家庭・地域間のコミュニケーション・ツールとして活用する」として，学校の教育活動その他の学校運営の状況に関する情報を保護者，地域住民及びその他の関係者に積極的に提供することが期待されている。

　地方分権や学校分権に伴う教育委員会・学校の評価の在り方は，地域住民・保護者に対するプロセスの説明を重視したものにするか，児童生徒の学力達成度などを踏まえた活動成果を重視したものにするかによっても大きく異なる。いずれにしても，教育行政・学校運営への地域住民・保護者とのスムーズな連携・協力関係を構築し，それぞれの実情に応じた地方や学校の自律性を保障する方策が目指される必要がある。

（髙瀬　淳）

▷3　「学校評価ガイドライン」は，各学校や設置者における学校評価の取組の参考として，その目安となる事項を示すものである。そのため，学校評価が，必ずしも「学校評価ガイドライン」に則して実施されなければならないわけではない。

# 3　公教育の原則と社会的公正

**重要項目**
公教育の理念（公の性質）
義務性・無償制・中立性の
原則
就学援助
子どもの貧困
外国人児童生徒等への教育
の充実

教育基本法第6条は，法律で定める学校が「**公の性質**」を有するものであると規定し，「国，地方公共団体及び法律に定める法人」によってのみ設置されるとしている。このことは，国家や社会の形成者として必要とされる資質を養う学校が，国立，公立及び私立の違いに関わりなく，国家や地方が公的に関与する公教育を提供していることを意味している。

もともと教育は，個人の発達を助成する私的な活動であるといえるが，現代においては，社会と関わりをもたないで，個人が自らの生き方やあり方について考えることの方が難しい。また，個人の教育成果は，社会全体の発展に役立つだけでなく，教育成果を獲得するプロセスも，歴史，文化及び人間関係などの社会的な関係の上に成り立っている。つまり，個人や社会にとって望ましい教育成果を得るためには，国家や地方が，国民の教育・学習活動を積極的に調整・整備していく公教育が必要になる。こうした考えに基づき，国や地方は，自ら設置運営する国公立学校だけでなく，私立学校についても，その自主性を尊重しつつ，助成等を通じた私立学校教育の振興に努めることとされている。

民主的な国家における公教育は，すべての国民に関係し，開かれているものでなければならないことから，義務性，無償性，中立性の原則を有している。

**義務性**の原則は，日本国憲法第26条2や教育基本法第5条に定められているように，すべての国民がその保護する子に「普通教育を受けさせる義務を負う」ことを内容としている。戦前の日本では，人々が善良で忠誠心の強い「臣民」になることが国家によって強制されたため，学校で教育を受けること自体が国民の義務とされていた。しかし，戦後，「教育を受ける権利」が，人間であることによって当然に有する基本的人権の一つとして重視されたため，それを保障する手立てとして，①国民に「教育を受けさせる義務」が課せられ，さらに，②それを可能とするための条件（学校の設置や教員の任用など）を整備する義務が国家に課せられることとなった。つまり，公教育における義務性の原則は，あくまで国民一人一人が，自己の人格を完成，実現するために必要な学習を行うことのできる「教育を受ける権利」を保障するものであることに注意しなければならない。

**無償性**の原則は，子どもや保護者が教育にかかる費用を直接に負担するのではなく，それを公費（租税）で負担することである。日本国憲法第26条2で

は，義務教育の無償が明記され，これを受けた教育基本法第5条では，国公立学校で行われる義務教育の授業料を徴収しないことが定められている。これは，教育の機会均等を図る観点から，経済的な理由によって教育を受けられない国民がいないようにするためのものであり，義務性の原則とも密接に関わっている。ただし，無償とする範囲については，義務教育段階に限定するのか，教材費等を含めず授業料だけに留めるのかといった課題がある。教育基本法第4条は，国や地方公共団体に対して，能力があるにもかかわらず，経済的理由によって修学が困難な者に奨学の措置を講じることを義務づけており，今後の検討が必要といえる。

これを受けた学校教育法第19条においても，「経済的理由によって，就学困難と認められる学齢児童生徒の保護者に対しては，市町村は，必要な援助を与えなければならない」と定められている。そのための制度の一つとして，経済的な理由により就学が困難な学齢児童生徒の保護者に対し，市町村が必要な経費の一部を援助する**就学援助制度**が設けられている。援助の対象者は，生活保護法に規定された要保護者と，市町村の教育委員会が要保護者に準ずる程度に困窮していると認める準要保護者であり，学用品費，体育実技用具費，新入学児童生徒学用品費等，通学用品費，通学費，修学旅行費，校外活動費，医療費，学校給食費，クラブ活動費，生徒会費，PTA会費などについて援助される。

**中立性**の原則は，主として公教育に対する国家関与のあり方が，政治的・宗教的に中立であるということである。「臣民」の育成が図られた戦前には，国家が支持する価値観を国民に身につけさせることが教育の役割ととらえられ，特定の政治的・宗教的なイデオロギーを注入する教育が行われていた。しかし，民主主義社会においては，どのような価値観を支持するか（または反対するか）について考え，判断することは，主権を有する国民一人一人に委ねられる。そのため，公教育における中立性の原則は，個人の主体的・自律的な態度を育むために必要とされる。この中立性の具体的な内容は，大きく政治的な中立性と宗教的な中立性に分けられる。

教育基本法第14条は，「良識ある公民として必要な政治的教養」が教育上尊重されなければならないとした上で，法律で定める学校が，「特定の政党を支持し，又はこれに反対するための政治教育その他政治的活動」を行ってはならないとしている。これは，主権を有する国民として，国家・社会の諸問題の解決に主体的にかかわっていく意識や態度の涵養が必要であることを踏まえ，学校で行われる政治教育で最も留意すべき事項を明示したものといえる。ただし，そうした政治教育は，特定の価値観を注入するものであってはならず，国立，公立及び私立のすべての学校で，特定の党派的政治教育等を禁じることにより，教育の政治的中立性を確保しようとしている。

また，教育基本法第15条は，「宗教に関する寛容の態度，宗教に関する一般

▷1 義務教育で使用される教科書については，義務教育諸学校の教科用図書の無償措置に関する法律により，国公立学校だけでなく，私立学校の児童・生徒が使用するものを国が購入し，設置者に無償で給付している。

▷2 2019年に改正された子どもの貧困対策の推進に関する法律は，子どもの将来が生まれ育った環境によって左右されることのないように，子どもの貧困対策の総合的な推進に向けた国等の責任を明らかにしている。そこでは，すべての子どもを心身ともに健やかに育成するため，その背景に様々な社会的要因があることを踏まえつつ，将来の「貧困の連鎖」を断ち切るとともに，現在の状況を改善する必要性が示されている。

▷3 とりわけ義務教育の政治的中立を確保する観点から，義務教育諸学校における教育の政治的中立の確保に関する臨時措置法が制定されている。これは，義務教育を党派的政治勢力の不当な影響・支配から守るとともに，教職員の自主性を擁護することが目的とされている。

的な教養及び宗教の社会生活における地位」が教育上尊重されなければならないとした上で，国公立学校が，「特定の宗教のための宗教教育その他宗教的活動」を行ってはならないとしている。これは，社会における宗教の重要性と個人の内面活動における宗教的自律性（信仰の自由）を調整する観点から，さらには異文化理解の観点から，宗教について客観的に学ぶことの意義を示したものといえる。ただし，日本国憲法が教育における政教分離を規定していることから，国公立学校での特定の宗派教育等を禁じることにより，教育の宗教的中立性を確保しようとしている。なお，教育基本法は，私立学校の宗教的中立性について直接言及していないが，宗教系私立学校が，道徳教育の一環として特定の宗教を踏まえた教育を行うことが認められている。

　1990年の出入国管理及び難民認定法（入管法）の改正を契機として，日本に暮らす在留外国人の数は急速に増えただけでなく，国籍についても，従来から多かった中国や韓国だけでなく，ベトナム，フィリピン，ブラジル，ネパール及びインドネシアの増加が顕著となっている。2019年の入管法改正により，今後も外国人児童生徒が増えており，その「教育を受ける権利」を保障する観点から，日本の学校における**外国人児童生徒等への教育の充実**に向けた諸条件の整備が求められるようになっている。◁4 具体的には，日本語指導に必要な教員・支援員などの充実，高校入試における外国人生徒への特別な配慮（ルビ，辞書の持込み，特別入学枠の設置等），在日外国人学校の卒業者に対する公立学校での教育機会の拡充などの施策・措置が期待される。

　なお，日本国憲法に定められた「教育を受けさせる義務」は，主権を有する国民の義務であり，日本で暮らす外国籍の保護者には，子どもに日本の教育を受けさせる義務が課せられない。そのため，外国籍の保護者と子どもは，在日外国人学校やインターナショナル・スクールでの学習など，教育に関する様々な選択を行うことができる。しかし，こうした選択は，それぞれが置かれた社会的・経済的な条件等によって限定されるものであり，近年，日本の学校が，多様な背景をもった外国籍の子どもが学ぶ場となっている。

　「公の性質」を有する学校は，国家や地方公共団体の積極的な関与に依拠することから，その公共性が過度に強調されることにもなりやすい。教員は，公教育の原則が，国民一人一人の「教育を受ける権利」を保障し，個人や社会の双方にとって望ましい教育成果を得るためのものであることを十分に理解しなければならない。

（髙瀬　淳）

▷4　文部科学省は，2016年に「学校における外国人児童生徒等に対する教育支援の充実方策について（報告）」において，外国人児童生徒等に関する検討課題の解決のため，国や地方公共団体等が役割を分担し，相互に連携・協力しながらその役割を適切に担っていくこととしている。そのうち，都道府県の果たすべき役割の一つとして「域内の外国人児童生徒等教育の基本的な方針を示す」ことが挙げられている。

Ⅱ　学校教育のデザイナーとしての教員

 # 国の教育行政

教育行政における国の役割は，**教育基本法第 16 条**によれば，「全国的な教育の機会均等と教育水準の維持向上」を達成するために，教育に関する施策を総合的に策定・実施することである。そのため，国には，教育の目的を実現するために必要な諸条件を整備確立していく行政の推進が求められる。

国の行政権は，日本国憲法により，内閣総理大臣及びその他の国務大臣から組織される内閣に属することが定められている。内閣総理大臣は国の行政各部を指揮監督し，国務大臣の多くは各府省の長として所掌する事務（行政）を分担管理する体制となっている。したがって，内閣の職務権限に属する教育行政事務としては，教育関係の法案・予算案を作成して国会に提出すること，教育に関する条約を締結すること，教育に関する政令を制定することなどが挙げられる。

こうした内閣の下に設けられた府省のうち，教育行政を主要に担う機関が，内閣の一員である文部科学大臣を長とした**文部科学省**である。

文部科学省は，2001 年 1 月の中央省庁再編により，教育，学術，スポーツ，文化を所管する文部省と科学技術行政を総合的に推進する科学技術庁を統合して組織されたものである。その任務は，文部科学省設置法により，「教育の振興及び生涯学習の推進を中核とした豊かな人間性を備えた創造的な人材の育成，学術，スポーツ及び文化の振興並びに科学技術の総合的な振興を図るとともに，宗教に関する行政事務を適切に行うこと」と定められている。それまでの文部省設置法と比較してみると，「豊かな人間性を備えた創造的な人材の育成」や「生涯学習の推進」という表現が新たに加えられており，日本の教育行政の基本的な方向性が明確にされている。

文部科学省には，文部科学大臣を長として，政治的任用職である副大臣と政務官がおかれ，これに事務方トップの事務次官が加わって首脳部を形成する。

文部科学省の組織は，大きく本省と，外局のスポーツ庁並びに文化庁から構成される。[1]

本省には，重要な政策に関する事務を総括・整理する文部科学審議官が設けられている。本省の内部部局として，一般管理事務や省全体の政策の総合調整を担う大臣官房と，それぞれの対象となる事項についての行政事務を直接に執り行っている 6 つの局（総合教育政策局，初等中等教育局，高等教育局，科学技術・学術政策局，研究振興局，研究開発局）がある。[2]

重要項目
教育基本法第 16 条
文部科学省
中央教育審議会
指導行政

▷1　外局は，国家行政組織法第 3 条に基づき，各府省の内部部局と同程度の業務を担当しながら，その業務の専門性・特殊性から，本府・本省に対する一定の独立した機関として設置される庁・委員会である。

▷2　たとえば，2018 年 10 月の組織再編により，教育分野の筆頭局として設置された総合教育政策局は，教育政策全体を立案・実施・評価・改善する中核的機能を総合的に担うとともに，教育を支える専門人材の育成に関する業務を一元化して政策の強化に取り組むこととされている。

スポーツ庁は，スポーツの振興その他のスポーツに関する施策の総合的な推進を図ることを任務とし，複数の省庁にまたがるスポーツ行政の関係機構を一本化する観点から 2015 年に設置された。長官の下に次長，審議官及びスポーツ統括官が置かれ，政策課，健康スポーツ課，競技スポーツ課，国際課等が設けられている。

文化庁は，文化の振興及び国際文化交流の振興を図るとともに，宗教に関する行政事務を適切に行うことを任務とし，総合的な文化行政の一層の推進に向けた機能強化を図る観点から 2018 年に改編された。長官の下に次長（2名），審議官（2名）及び文化財監査官が置かれ，政策課，企画調整課，文化経済・国際課，国語課，著作権課，文化資源活用課，文化財第一課・第二課，宗務課等が設けられている。

文部科学省には，**中央教育審議会**，教科用図書検定調査審議会，大学設置・学校法人審議会，国立大学法人評価委員会，科学技術・学術審議会，スポーツ審議会，文化審議会，宗教法人審議会など様々な審議会が置かれている。これらの審議会は，文部科学大臣（又はスポーツ庁長官及び文化庁長官）の諮問に応じて，当該の重要事項について調査・審議・答申を行う性格のものであり，答申に法的な拘束力があるわけでない。しかし，社会の多様なニーズに伴って国に求められる教育行政の働きが拡大・専門化していく中で，国の教育行政の決定過程に国民の意思を反映させ，外部の専門的知識・技術を取り入れることが不可欠であるとの考えから，実際には，審議会の答申に沿って，文部科学省による政策立案が行われ，関連する法律・法令等の改正に結びついている。

文部科学省におかれた審議会の中で，教育に関して中心的な役割を果たしているのが，文部科学省組織令に基づいて設置される中央教育審議会（中教審）である。現在の中央教育審議会は，中央省庁再編の際，それまでの中央教育審議会を母体としつつ，教育課程審議会，教育職員養成審議会，大学審議会，生涯学習審議会，理科教育及び産業教育審議会，保健体育審議会の機能を整理・統合して新たに設けられた。中央教育審議会には，教育振興基本計画部会，教育制度分科会，生涯学習分科会，初等中等教育分科会，大学分科会，地方文化財行政に関する特別部会がおかれ，これまでにも重要な答申を行ってきた。<sup>◁3</sup>

たとえば，教育課程に関する国レベルの基準である学習指導要領の改訂作業は，中央教育審議会の初等中等教育分科会に置かれた教育課程部会を中心に進められる。2017・2018 年の改訂にあたっては，教育課程部会は，2014 年に文部科学大臣から諮問「初等中等教育における教育課程の基準等の在り方について」を受けた検討を行い，2016 年に「次期学習指導要領等に向けたこれまでの審議のまとめ」を作成・提示した。その中で，これまで改訂の中心であった「何を学ぶか」という指導内容の見直しにとどまらず，「どのように学ぶか」「何ができるようになるか」までを見据えて学習指導要領等を改善していく必

▷3 2000 年代より，首相や内閣の下に教育に関する私的諮問機関が置かれ，日本の教育政策を方向づける重要な提言が行われている。そうした機関として，教育改革国民会議（2000-2001年），教育再生会議（2006-2008年），教育再生懇談会（2008-2009年），教育再生実行会議（2013年-）が挙げられる。

要性を指摘した。児童生徒に身につけさせたい資質・能力を 3 つの柱に沿って具体化した上で，「社会に開かれた教育課程」の実現，「主体的・対話的で深い学び」の実現を目指した授業改善の取組を活性化，各学校における「カリキュラム・マネジメント」の促進など学習指導要領改訂の方向性を明らかにした。この「審議のまとめ」については，関係団体からのヒアリングが実施されたほか，広く国民からパブリックコメントが募集された。これらの意見等を踏まえて，全体での審議が行われた結果，2016 年 12 月に中央審議会によって「幼稚園，小学校，中学校，高等学校及び特別支援学校の学習指導要領等の改善及び必要な方策等について（答申）」が取りまとめられた。これを踏まえて，2017 年 3 月・2018 年 3 月に公示された学習指導要領の内容は，中央教育審議会答申を全面的に反映したものとなっている。

　こうした審議会による答申を踏まえた教育政策の立案は，文部科学省が，法律に別段の定めがある場合を除き，地方（教育委員会）に対して強制的な指揮・命令・監督ではなく，指導・助言・援助に重点をおいた教育行政—**指導行政**を志向していることとも関連している。文部科学省と教育委員会は，教育行政の作用という意味において，指揮監督を伴う上下関係にはなく，相互に対等なパートナーシップの関係にある。これについて教育基本法第 16 条では，「教育行政は，国と地方公共団体との適切な役割分担及び相互の協力の下，公正かつ適切に行われなければならない」と記されている◁4。

　たとえば，教育課程に関する行政では，文部科学省は，審議会等を通じて国民の意思や専門家の意見を調査・集約し，法的拘束力をもつ最低限度の合理的・大綱的な基準—学習指導要領を作成する役割を担う。これに基づいて，各学校で具体的な教育課程が編成・実施されるが，教育委員会は，そうした教育課程が学習指導要領に沿ったものであるかに留意した指導助言を行う。その際，文部科学省は，編成・実施された教育課程について，教育委員会や各学校に学習指導要領で示された内容・方法を超えた指示・命令を行うことができない体制が形づくられており，相互の協力が必要となっている。

　文部科学省は，教育行政の地方分権化という観点からも，政策官庁としての機能が強化されたと指摘される。したがって，文部科学省には，「全国的な教育の機会均等と教育水準の維持向上」を達成するため，これまで以上に地方や国民の意思を反映した教育行政の推進が求められている。各省庁が自ら所掌する政策について評価する政策評価制度が導入されており，これを活用しつつ，国民への説明責任をより積極的・主体的に果たしていくことが期待されているといえる。

（髙瀬　淳）

▷4　こうした方針は，中教審答申「新しい時代の義務教育を創造する」（2005 年）の中で示された「ナショナル・スタンダードの設定とローカル・オプティマムの実現」という文言にあらわれている。国は，国としての教育目的・目標や基準（ナショナル・スタンダード）を設定し，地方は，これを実現するために，それぞれの特性や実態に応じた最適の状態（ローカル・オプティマム）を作り出して教育活動を展開していく教育行政のあり方が想定されている。

# 5 教育課程の編成と学習指導要領

**重要項目**
教育課程
学習指導要領
指導主事
教科用図書（教科書）
補助教材

**教育課程**とは，「学校教育の目的や目標を達成するために，教育の内容を児童の心身の発達に応じ，授業時数との関連において総合的に組織した学校の教育計画」であり，各学校が主体となって編成される（小学校学習指導要領総則編）。ただし，各学校が「主体」となるとはいっても完全なフリーハンドが与えられるわけではない。そこには従うべき基準が法令として示されている。それは学校教育が「公の性質」をもつものだからであり，「教育を受ける権利」を保障する観点から，どの学校であっても一定水準の教育が提供されなければならないからである。

　まず，教育基本法では，教育の目的が「人格の完成」であるとされ，その実現のための5つの目標が掲げられている。ただしこれらは，学校教育にかぎらず家庭教育や社会教育を含めたわが国の教育全般の目的・目標であり，理念的なものである，そこでより具体的なものとして学校教育法において，学校種別ごとの目的・目標が設定されている。さらにこれを受けて，各教科や道徳，総合的な学習等の目標が，**学習指導要領**（幼稚園の場合は幼稚園教育要領）に示されている。学習指導要領は，学校教育法施行規則により，「教育課程の基準として文部科学大臣が別に公示する」ものと規定され，1947年に初めて示されて以降，社会や学校をとりまく状況の変化に対応するため，およそ10年ごとに改訂されている。当初，学習指導要領は"試案"として公表されたが，1958年の改訂以降は，文部大臣（今日では文部科学大臣）の告示として提示され，法的拘束力を伴うものとの位置づけがなされるようになった。他方，法的な拘束力を伴わない資料や手引きは，「総合的な学習の時間」に関するものなど様々な資料・手引きが作成され，各学校に配付されている状況がみられる。

　この学習指導要領が教育課程にかんする国レベルの実際的な基準である。学習指導要領が公示されると，文部科学省は，教育委員会を通じて各学校の教育課程に学習指導要領の内容が反映されるよう，教育課程連絡協議会を開催する。この協議会では，都道府県から派遣された**指導主事**に対して，学習指導要領の改訂の趣旨や内容が説明される。指導主事は，教育委員会事務局に属し，学校における教育課程・学習指導その他専門的事項の指導を行う専門的教育職員であり，教育委員会と学校の接点に位置づけられる。指導主事を対象とした協議会の開催は，地方や学校の自主性を尊重した教育課程の編成を期待したものであるといえる。さらに，教育委員会は，各学校に対して，学習指導要領の趣

▷1　Ⅱ—④学習指導要領の改訂プロセスについては「国の教育行政」参照。

旨・内容の説明，参考資料の配付，先進校等の事例の提示などを行う。具体的には，校長会，教頭会，教育委員会が主催する教員研修のほか，指導主事による学校訪問の機会が利用される。

とはいえ学習指導要領はあくまで，一定水準の教育が地域や学校による差異に関係なく保たれるよう定められた「最低限度の合理的・大綱的」な基準である。さらには，「特に必要がある場合」に各学校が学習指導要領を超えた教育課程の編成が許されている。これがローカルオプティマムの原則である。一部の教育委員会では，学習指導要領を踏まえつつ，当該地域の公立学校の理念，方向性，特色を示した教育課程の基準を提示しているケースが見られる。たとえば，横浜市では，国の学習指導要領の内容に加えて，横浜市立学校が取り組むべき内容と方法を明記した「横浜版学習指導要領」を作成し，横浜市立学校の教育課程編成・実施の基準として位置づけている。岡山県でも「岡山型学習指導のスタンダード」を 2014 年に策定している。

こうした国・地域レベルの包括的な基準をふまえて各学校は，児童・生徒の心身の発達状況や地域の特性等に配慮したうえで，教育内容を適切に選択・配列・組織し，教育課程を編成する。多くの教育委員会は，各学校に対して，実際に編成された教育課程を届け出るか，承認を得ることを義務づけている。この編成にあたって近年強調される視点が２つある。一つは，教育目標として児童生徒が「何を学ぶか」「何ができるようになるか」をできるだけ詳細，具体的に示すこと，さらにその到達成果を対外的・客観的なかたちで検証できるようにすることである。今一つは，教育課程を固定的なものとせず，つねに更新されてゆくものと捉える姿勢である。これらの視点からは学校評価の適切な実施と活用が欠かせない。こうした評価結果をふまえた計画的・継続的な教育課程の再編がカリキュラム・マネジメントと呼ばれるものである。また，PDCAと略称されるメソッドがこのカリキュラム・マネジメントの具体的手順として今日，広く普及している。すなわち，Plan（計画）→ Do（実施）→ Check（評価）→ Action（改善）のサイクルをつねに循環させながら学校の教育改善を実現していこうとする手法である。毎年度末，各学校は次年度の教育課程の編成作業に取りかかる。その際，同時に教育課程の更新の責任者や時期を定める学校が増えている。つねに改善・向上を目指すものとして教育課程を捉える姿勢のあらわれといえるだろう。

教育課程が実施される際，各教科の授業では，**教科用図書**（教科書）を使用することが学校教育法によって義務づけられている。教科書とは，「教育課程の構成に応じて組織配列された教科の主たる教材」であり，原則として民間の教科書発行者が編集する。ただし，どのような内容でもよいわけでなく，各発行者は，学習指導要領や「学習指導要領解説」等に則って作成した上で，文部

▷2 こうした方針は，中央教育審議会答申「新しい時代の義務教育を創造する（2005）」の中の「ナショナル・スタンダードの設定とローカル・オプティマムの実現」という文言に示されている。つまり，国は，国としての教育の目的・目標や基準（ナショナル・スタンダード）を設定し，地方は，これを実現するために，それぞれの特性や実態に応じた最適の状態（ローカル・オプティマム）をつくり出して教育活動を展開するといった教育行政のあり方が構想されている。

▷3 文部科学省は，学習指導要領が最低限度の合理的・大綱的な教育課程の基準に過ぎないことから，実際の教育活動の参考となるよう，より詳細な事項を記載した「学習指導要領解説」を発行している。この解説は，法的拘束力を伴うものではないが，教科書検定の際の実質的な基準となっている。

科学大臣の検定を受けなければならない。教科書として作成された図書は，発行者の申請により，文部科学省の教科書調査官による調査に付されるとともに，文部科学大臣の諮問機関である教科用図書検定調査審議会に諮問される。そこで，教科書としての適否が教科用図書検定基準に照らして審査され，最終的にはこの審議会の答申に基づいて，文部科学大臣が検定を行う。

　検定を受けた教科書は，通常，教科ごとに数種類あるため，この中から各学校で使用される一種類の教科書が採択される。採択の権限は，公立学校については当該の教育委員会にあり，国立・私立学校については校長にある。文部科学大臣は，採択された教科書の需要数の集計結果に基づいて，発行者に発行する教科書の種類や部数を指示する。これを受けて発行者は，教科書を発行し，供給業者を通じて各学校に供給する。なお，義務教育諸学校で使用される教科書については，国の負担によりすべての児童生徒に無償で給与されている。◁4

　また，主たる教材である教科書以外の教材は**補助教材**と呼ばれ，学校教育法により「有益適切なものは，これを使用することができる」と定められている。その使用について学校は，地方教育行政の組織及び運営に関する法律により，あらかじめ教育委員会に届け出ること又は承認を受けることが求められている。これは，教員の授業実践を制限するものではなく，あくまで教育上に必要があると認められる補助教材を適切に使用することを求めた措置である。補助教材としては，副読本，解説書，新聞，地図，問題集，ワークブックなどがあり，実際の授業で日常的に用いられているが，近年では，都道府県ないし市町村単位で独自の補助教材を編集することも増えている。

（高瀬　淳・山口健二）

▷4　日本国憲法は，第26条2項において義務教育の無償制を規定している。これを受けて，教育基本法第5条3項は，国公立学校における義務教育について「授業料を徴収しない」と定めている。また，義務教育諸学校の教科用図書の無償措置に関する法律により，義務教育諸学校の教科書を無償とする措置について定めている。このように，日本国憲法で定められた義務教育の無償の範囲は，上記2つの法律によって定められたものであり，義務教育を受けるために必要な経費の一部が保護者の負担となっている。

Ⅱ 学校教育のデザイナーとしての教員

# 6 地方の教育行政

　旧憲法下においては，地方教育行政なるものは存在しなかった。教育は国の所掌する行政事務と位置づけられていたからである。府県知事は"国の機関"として，また市町村長は文部大臣や知事の監督のもと教育事務にかかわっていたにすぎない。教育にかぎらず地方自治そのものが大きく制約されていた時代のことである。

　それが日本国憲法および地方自治法の制定により，都道府県および市町村には独立した行政権が付与されることとなった。地方公共団体ないし地方自治体の誕生である。さらに，教育の地方分権を目的のひとつに掲げた戦後教育改革によって，教育は地方の所掌する行政事務として位置づけなおされ，これを受けてすべての地方自治体に教育委員会が設置された。これが今日の地方教育行政の出発点である。そして戦後60年，地方教育行政の仕組みは幾度もの法改正を経て，つねに改革が繰りかえされてきた。今後も教育改革の大きな争点として議論が続くことはまちがいない。現時点での地方教育行政の仕組みをここに述べるが，それは絶えざる改革の途上にあることを忘れてはならない。

　現行法において，地方の教育行政機関は2つある。**首長**（都道府県知事および市町村長）と教育に関する行政委員会である**教育委員会**である。首長は地方公共団体の行政事務一般を総合的に管理執行する権限が与えられた独任制の行政機関であり，住民の直接選挙によって選ばれる。教育委員会はこれに対し，教育事務のみを担う独立の行政機関であり，首長が任命する教育長と4名の委員（条例の定めるところにより2名以上または5名以上の場合もある）の合議制により運営される（1956年までは教育委員も選挙により選ばれていた）。

　首長と教育委員会の関係はあくまで，教育の管理執行を水平的に分担する関係であり，相互に指導・監督を受けることはない。首長には**教育大綱**の策定や教育委員会の教育長・委員の任命のほか，予算編成を含む財務および教育に関する条例の提出などの権限が付与されている。このうち学校運営にとって重要な意味をもつのは，教育関連の予算案を議会に提出する権限，および成立した予算を執行する権限である。さらに校舎・敷地等の教育財産の取得や処分についても首長にその権限が与えられている。教育委員会には，公立学校やその他の社会教育機関の設置・管理・廃止，教職員の任免・人事，学校の組織編制・教育課程・教科書等の取り扱いなど，教育行政に関する幅広い権限が認められている。

**重要事項**
首長
教育大綱
教育委員会
教育行政の中立性
レイマンコントロール
県費負担教職員制度

▷1　行政委員会とは，政治的な中立性や公平性が強く求められる特定の行政分野について，複数の委員からなる合議制の意思決定機関を設け，その下に事務局をおいた行政機関のことである。教育委員会のほか，選挙管理委員会，人事委員会，公安委員会などが設けられている。

▷2　独任制は，地方行政のトップである首長の考え・判断によって，行政機関としての最終的な意思が決定される体制のことである。懸案事項に対する迅速な対応や責任所在の明確化などの利点があるものの，選挙によって示された住民の意思を反映した首長であっても，恣意的な意思決定を行なう可能性が残る。これに対して合議制は，複数のメンバーによって行政機関の最終的な意思を決定する体制である。

▷3 教育大綱とは，首長が教育基本法第17条に規定する基本的な方針を斟酌して定める，当該地方公共団体の教育，学術および文化の振興に関する総合的な施策の大綱である。大綱が対象とする期間としては，法的な定めはないものの，4−5年程度のものとすることが想定されている。これにより，地方公共団体としての教育政策に関する中・長期的な方向性が明確になり，首長と教育委員会がそれぞれの所管する事務を遂行することが意図されている。

▷4 教育委員会事務局においては，所管する学校の教育課程や教材選択などの指導・助言を行う部署として，「指導課」と呼ばれる部署を置くのが一般的である。
都道府県の場合，この指導課に，学校種ごと，かつ教科ごとに専門の「指導主事」を配置するのが通常であるが。市町村の場合，そこまでの充実した指導体制を築いている自治体はけっして多くない。

こうした体制は，教育が個人の精神的な価値の形成を目指して行われる点を踏まえ，個人的な価値判断や特定の党派的影響力から**教育行政の中立性**を確保することを目指したものである。さらに，子どもの健全な成長発達のためには，学習期間を通じて継続的・安定的な教育が必要であり，その成果があらわれるまでに時間がかかることなどから，急激な学校運営の方針変更などがなじまない。そのため教育に関する行政委員会である教育委員会を一般行政から相対的に独立させることにより，首長への権限の集中が防止され，中立的・専門的な行政運営が担保されることが意図されている。

教育委員会の組織についてさらに詳しく見ていこう。教育委員会制度の大枠は，2014年に改正された地方教育行政の組織及び運営に関する法律（地教行法）に定められている。上述したように，教育委員会は教育長と委員からなる合議制の行政委員会である。教育長は「当該地方公共団体の長の被選挙権を有するもので，人格が高潔で，教育行政に識見を有するもののうちから，地方公共団体の長が，議会の同意を得て，任命する」とされ，教育委員会の代表として，教育委員会の業務を総てをとりまとめて管理し，会議を招集する。その任期は首長の1期4年の任期中に1度は意中の教育長を任命できるよう3年となっている。委員の任期は4年である。

教育委員会の下には，教育委員会の権限に属する専門的な事務を処理する事務局が設けられ，教育長によって指揮監督される。教育委員会は広く地域住民の意向を反映した教育行政を実現すべき機関であるとされている。こうした教育委員会が専門的行政官で構成される事務局を指揮監督する体制がとられているのは，**レイマンコントロール**の原則によるものである。事務局に配置される行政官としては，事務職員や技術職員などのほか，教育課程，学習指導そのほか学校教育に関する専門的な事項の指導に従事する指導主事がある。事務局職員までを含めた教育委員会組織の全体を「広義の教育委員会」と呼ぶことがある。

またすべての地方公共団体には，首長と教育委員会が教育政策の方向性を共有して，一致して教育行政の執行にあたることができるよう，首長が召集する総合教育会議が設けられている。総合教育会議は，首長と教育委員会から構成され，必要に応じて意見聴取者の出席を要請することができる。総合教育会議では，①教育大綱の策定，②教育を行うための諸条件の整備など重点的に講ずべき施策，③児童，生徒等の生命又は身体の保護等の緊急の場合に講ずべき措置が協議・調整される。具体的には，予算や条例提案など首長の権限に関わる事項が中心とされるが，教育委員会の権限に属する事項についても自由な意見交換が想定されている。ただし，教科書の採択や個別の教職員人事については，特に政治的中立の確保が求められる事項であることから，総合教育会議で取り上げられるべきでないとされている。

　戦後教育改革によって地方が教育行政の責任を担うこととなり，市町村には義務教育学校の設置者として，これを管理運営する義務が課せられることとなった。通常，学校の運営にかかわる経費は，その学校の設置者が負担するものとされるが，その大きな例外のひとつが，市町村立の義務教育学校の教職員人件費である。その経費は市町村立学校職員給与負担法によって，都道府県が負担するものと定められている（そのうち３分の１は，さらに義務教育費国庫負担法によって国が負担することとされている）。これが**県費負担教職員制度**と呼ばれるものである。県費負担教職員の任命権は市町村教育委員会にはなく，都道府県教育委員会にある。ただし，実際の任命は市町村教育委員会の内申をまって行うこととされている。

　県費負担教職員制度はそもそも，優秀な教職員を安定的に確保することをねらいとして設立されたものであり，実際に教育の地方間格差の拡大を抑えるうえで大きな役割を果たしてきた。しかし，この制度ゆえに，市町村教育委員会の「人的管理事項」についての権限が大きく制約されているのも事実であり，都道府県教育委員会と市町村教育委員会の関係のあり方を議論するさいに，近年，広く取り上げられるようになっている。

　法令の上では，都道府県と市町村は上下関係にはなく対等なパートナーである。これは国と地方の関係が対等であるのと同様である。こうした位置づけは1999年の地方分権一括法の成立を受けて，いっそう明確にされた。市町村教育委員会の自主性・自律性を高める方向での改革議論は盛んになっているし，先駆的な試みを導入する市町村も増えてきたしかし忘れてはならないのは，こうした改革動向の背後に，市町村教育委員会の自主性・自律性がこれまで十分に発揮されていなかったという反省があることである。都道府県と市町村の相互に対等なパートナーシップを実際にどう構築していくかは今後の地方教育行政の大きな課題となっている。（高瀬淳・山口健二）

▷5　指定都市に関しては，2017年より，教職員給与の負担，教職員定数（学級編制基準等），教員配置など，県費負担教職員制度に関わる包括的な権限が委譲され，指定都市が主体的に市民のニーズに応じた教育を提供できる体制が整えられた。

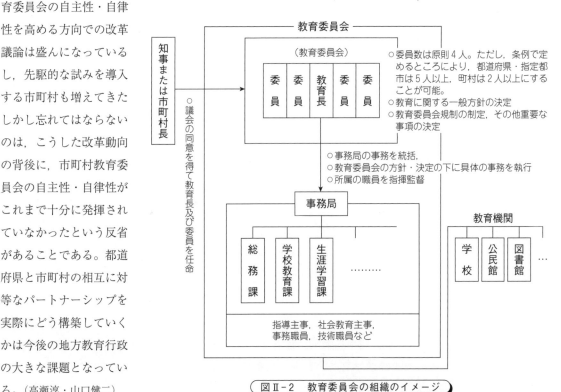

○委員数は原則４人。ただし，条例で定めるところにより，都道府県・指定都市は５人以上，町村は２人以上にすることが可能。
○教育に関する一般方針の決定
○教育委員会規制の制定，その他重要な事項の決定

○事務局の事務を統括，
○教育委員会の方針・決定の下に具体の事務を執行
○所属の職員を指揮監督

図Ⅱ-2　教育委員会の組織のイメージ

# 7 学校種の再編

　戦後の日本は，二度のベビーブームを経て，現在，極端な少子化の時代を迎えている。第 1 次ベビーブームとは主に昭和 22（1947）〜24（1949）年に生まれた「団塊の世代」を指し，毎年の出生者数が 250 万人を越えていた。この世代が中学〜高校進学を迎える昭和 30〜40 年代は我が国の高度経済成長期と軌を一にしており，特に 1960 年代は「教育爆発の時代」と言われる。大量に生まれた子どもたちにできるだけ高い教育を与え，高度経済成長とその後の安定成長を支える担い手として社会に輩出した時代である。

　第 2 次ベビーブームは主に 1971（昭和 46）〜1974（昭和 49）年に生まれた「団塊ジュニア」の世代を指し，毎年の出生者数が 200 万人を越えていた。この世代が高等教育への進学を迎える頃，1991（平成 3）年に大学入試センター試験が導入された。それ以降，我が国の高等教育進学率は，少子化の影響も相まって上昇を続け，2017（平成 29）年現在の四年制大学進学率は 52.6％となった。いまや希望すれば大学に進学できる「大学全入時代」を迎えているといわれる。

　本来であれば，団塊ジュニア世代が親世代となる時期に第 3 次ベビーブームが到来しても良いはずであった。しかし，1990 年代に入ってからのバブル崩壊以降，「失われた 20 年」とも呼ばれる経済の低迷の中で，少子化は加速度的に進行した。2016 年には年間の出生者数が 100 万人を割り込み，さらに 2019 年には約 86 万人と推計されている。つまり，数の上では義務教育段階の学校が小規模化し，後期中等教育や高等教育機関が余る時代を迎えているのである。

　今日の学校統廃合や学校種の再編に少子化の影響があることは疑いない。施設設備の維持管理や教職員の人件費等を効率的に運用せざるを得ない経済の論理がある。しかしこれを単なる規模縮小として消極的に捉えてはならない。人口減少時代だからこそ可能な，豊かな教育の実現を目指す「教育の論理」を重視すべきである。このような視点から本章では「認定こども園」「小中連携・一貫教育・義務教育学校」「中高一貫教育・中等教育学校」について整理する。

　**認定こども園**とは，小学校就学以前の子どもの保育と教育，ならびにその保護者への子育て支援を担う施設である。平成 18（2006）年 6 月の「就学前の子どもに関する教育，保育等の総合的な提供の推進に関する法律」（平成 24（2012）年 8 月に一部改正）に根拠を持ち，都道府県知事が条例に基づいて認定する。平成 31（2019）年 4 月現在で 7,208 園ある。認定こども園には幼保連携

型，幼稚園型，保育所型，地方裁量型の４タイプがあり，最も多いのは幼保連携型（5,137園）である。

　ここで保育所と幼稚園の違いを確認しておこう。保育所（保育園）は児童福祉法に基づいて厚生労働省が管轄する児童福祉施設であり，保護者の就労等の事情により保育に欠ける０歳〜就学前の乳幼児を対象とし，１日あたり原則として８時間の保育を行う。一方，幼稚園は学校教育法に基づいて文部科学省が管轄する教育施設であり，３歳〜就学前の幼児を対象に１日４時間を標準とした教育を行う。このように保育所と幼稚園は所管する省庁が異なり，果たす機能も異なっている。これに対して認定こども園は，現在の少子化や育児ニーズの多様化に応えるべく，省庁の垣根を越えて保育と幼児教育を一体的に行う施設として生まれた。すなわち，幼保一元化の政策を象徴する施設である。

　認定こども園の利点として，①保護者が就労を中断／再開しても，施設を変わることなく一貫した保育・教育を受けることができる，②一定規模の集団活動や異年齢交流活動が実現できる，③既存の幼稚園を認定こども園として活用することで待機児童の解消が図れる，④地域に対する子育て支援機能が強化されることで，育児不安の大きい家庭への支援が実現する，といったことが指摘されている。

　次に**小中連携・一貫教育並びに義務教育学校**について整理しよう。まず小中連携教育とは，小・中学校が互いに情報交換・交流することを通して小学校から中学校への円滑な接続を目指す教育をいう。これに対して小中一貫教育とは，小中連携のなかでも特に９年間を通じた教育課程を編成し，これに基づいて行う系統的な教育をいう。市町村によっては小中連携／一貫教育を標榜しつつ，全ての中学校区を「**学園化**」したケースもある。いずれも，いわゆる「中１ギャップ」を解消し，校種間の滑らかな接続を実現するために考えられた。

　平成27（2015）年の学校教育法改正により，新たな学校種である「義務教育学校」が第１条に規定され，平成28（2016）年より創設されることとなった。法的には６・３制を堅持するが，「５・４制」や「４・３・２制」等，校内で学年の区切りを柔軟に編成できる。既存の中学校区にある小中学校を統廃合してひとつの校舎を新設するケースが多い。また，これまでは小中学校のそれぞれに校長が各１名であったものが，義務教育学校では校長が１名となる。教員は原則として小中の教員免許を併有している必要がある。

　一般に小学校は学級担任制，中学校は教科担任制である。このことに象徴されるように，小中間には子どもの発達段階を前提とした教育内容の段差，学習指導・生徒指導の方法の段差が存在する。特に義務教育学校では校種間の学校文化・教員文化の段差があり，それを埋めることに大きな困難を伴う場合もある。しかし，段差を埋める取組を通して次のような利点も生まれる。すなわち，①義務教育修了時点の生徒像を小中の教員が共有し，９年間の教育活動の全体

▷1　育児ニーズの多様化とは，①保護者の就労形態の多様化に対して，幼稚園／保育所という単独の施設形態が柔軟に対応できていない，②少子化による子ども集団の小規模化と施設運営の非効率化，③都市部における待機児童増加の一方，幼稚園利用者の減少が顕著であり，既存施設の有効活用による待機児童の解消が必要，④核家族化や地域の子育て力の低下を背景に，地域の子育て支援を強化する必要がある，といったことが挙げられる。

▷2　小学校から中学校への進学という環境の変化によって，進学後に顕著となる不登校や学校不適応，学業不振等の事態を言う。その背景には，①小中間における教育内容の段差，②指導法の段差，③子どもの心理・発達の段差といった要因がある。

▷3　小中連携／一貫校には①施設一体型，②施設分離・隣接型，③施設分離・小学校複数型がある。さらに③はa.小同規模型，b.小異規模型，c.小複数型に整理できる。

▷4　令和元（2019）年度学校基本調査によると，義務教育学校は94校（国立３校，公立91校），在籍者数40,747人である。

像を踏まえた役割分担と連携を日常的に実践できること，②義務教育9年間の教育課程の系統性と関連性[5]を整理して把握することで，受け持ちの学年，教科，単元等の意義と重要性を理解できること，③②に基づいて，子どもの学習の経過や既習事項への習熟度，さらにはつまずきの実態等を含め，個々の児童生徒の学習履歴を把握した学習指導や支援が可能となり，「確かな学力」の育成が期待できることである。

なお，義務教育学校では，特に小学校高学年への**教科担任制**導入に期待がかけられている。しかし，中学校で一般的な一斉指導形式を高学年に降ろすだけならば，むしろ百害あって一利無しである。教科の専門性が異なる複数の教師の眼が同じ学習集団に注がれることで，学習指導と生徒指導の両面に渡る子どもの実態を立体的に把握し，より豊かな学力形成と人間形成・集団形成に繋げる意図的な取組が必要である。[6]

最後に**中高一貫教育並びに中等教育学校**について整理しておこう。中学校と高等学校の滑らかな接続を志向する中高一貫教育は，我が国では同じ学校法人による私立で多く行われてきた。しかし平成10（1998）年の学校教育法改正により，中等教育の多様化を意図した公立の中高一貫教育校が制度化され，翌年4月より設立されるようになった。

中高一貫教育には①中等教育学校，②併設型一貫校，③連携型一貫校がある。[7]①はひとつの学校として一体的に中高一貫教育を行うものであり，全国で54校（国立4，公立32，私立18）である。多くは高校での生徒募集は行わず，中等教育6年間の独自の教育課程を編成している。②は同一の設置者によるものであり，全国で495校（国立1，公立95，私立399）である。中学校から高校へは無選抜で進学できる。また高等学校では外部からの募集を行う学校もある。その場合，外進生と内進生とを別クラスとする場合，混合クラスとする場合，学年進行とともに混合クラスを編成する場合がある。③は市町村立と都道府県立など異なる設置者間で開設でき，中高の双方が教育課程の編成や教員・生徒間交流等の連携を深めることで中高一貫教育を実施するものである。全国で169校（国立1，公立166，私立2）である。いわゆる過疎地域で多く採用され，地域に根ざした中等教育を展開しようとするものである。

中高一貫教育については，高校入試のないゆとりある教育が展開できる一方，特に都市部では中学受験の過熱がもたらされたり，6年間で固定した人間関係が形成されたり，過度に大学受験に特化した学習指導が展開されるといった課題も指摘される。特に公立中高一貫校は，公立学校における中等教育の複線化と選択の自由を容認せざるを得ない仕組であり，受験エリート校化しやすく，教育による階層化と格差社会の進行に拍車をかける懸念が指摘されている。[8]

（高旗浩志）

▷5　「系統性」とは，異学年における同教科の単元・教材の繋がりを指し，その多くは基礎から応用へと配列されている。一方，「関連性」とは，異教科の単元・教材間で内容的な関連（昆虫や植物に係る国語の説明文の学習と，理科の生物の学習とを繋げて指導する等）のあることを言う。

▷6　詳しくは志水宏吉（2005）『学力を育てる』岩波新書を参照。

▷7　以下の校数は，いずれも令和元年度学校基本調査による。

▷8　詳しくは藤田英典（1997）『教育改革』岩波新書を参照。

## Ⅱ 学校教育のデザイナーとしての教員

# 8 「開かれた学校」の現在

　教育基本法改正に先だつ 10 年は，学校教育にとって激動の時代であった。これほどの短期間に，多くのしかも学校教育の理念の根底にかかわるような制度改正が一気に進行することを予測できた者がどれほどいただろうか。この急激な変革の勢いは，今なお衰えていない。これからの時代，教員には変化への即応力が資質として求められる。

　その準備としてはまず，これまでの一連の教育改革をめぐる大きな方向性を知っておくべきである。そのキーワードの一つとして，ここでは「開かれた学校」を挙げておこう。

　**「開かれた学校」**が改革課題とされるようになったのは，中央教育審議会が1996 年に『21 世紀を展望した我が国の教育の在り方について』を答申した頃からである。しかしこの答申が最初に「開かれた学校」を提言したのは，「いじめ・登校拒否の問題の解決のため」という，やや局所的な文脈においてであった。しかしその後，「開かれた学校」が語られる領域は，はるかに大きなものとなっていった。

　今日，「開かれた学校」が志向される文脈は大きく見て 3 つある。

　(1)　学校からコミュニティ（＝家庭と地域社会）への情報発信

　(2)　学校教育の資源としてのコミュニティ

　(3)　コミュニティの拠点としての学校

　(1)にあたるのは，学校の情報公開や評価の透明化などにむけての諸施策である。(2)は，外からの資源（人材・施設・自然環境）を導入し，学校の"教育力"を高めようとする動きを指している。(3)は(2)の逆の方向性のものであり，学校が外に向けてどんな貢献ができるかを問うものである。<sup>◁1</sup>

　閉じられた世界であった学校をコミュニティとの連携のもと開かれたものへと改革する。そのための具体的な施策としては，まず**学校評議員制度**を挙げることができる。<sup>◁2</sup>しかし学校評議員は「校長の求めに応じ，学校運営に関し意見を述べることができる」にとどまっている。しかも教育委員会や学校の権限はそのままに導入されたため，学校の運営体制を大きく変えるものとはならなかった。

　ついで 2004 年，中央教育審議会答申『今後の学校の管理運営の在り方について』が公表された。同答申は，「硬直的で画一的であり，変化に対応する柔

**重要項目**
開かれた学校
学校評議員制度
学校運営協議会
地域運営学校（日本版コミュニティスクール）
地域協働学校（岡山版コミュニティスクール）

▷1　(1)については Ⅱ-1「中央集権から地方分権・学校分権」を，(2)(3)については Ⅱ-11「地域社会と連携した学校教育のあり方」と Ⅱ-12「地方創生と学校」を参照。

▷2　学校評議員制度は1998 年の中央教育審議会答申『今後の地方教育行政の在り方について』で提案されたもので，2000 年に法制化された。

軟性や多様性に乏しい」,「閉鎖性が強く,地域の一員としての意識や地域社会との連携を欠きがちである」といったわが国の公立学校教育の批判をふまえて,「保護者や地域住民が一定の権限を持って運営に参画する新しいタイプの公立学校」の導入を提案した。

これを受けて,地方教育行政の組織及び運営に関する法律の一部が改正され,教育委員会は**学校運営協議会**を学校に設置できるようになった。学校運営協議会をもつ学校は,正しくは地域運営学校と呼ばれるが,これがいわゆる"日本版コミュニティスクール"である。

学校運営協議会は,学校の意思決定への保護者・地域住民代表の参加を認めている。校長は,学校運営の基本的な方針に関して,学校運営協議会の承認を得る必要がある。また学校運営協議会は,学校職員の任命について,任命権者(公立学校の場合は教育委員会)に対して意見を述べることもできる。[3]

文部科学省は,コミュニティスクールにおいて,校長裁量予算の導入や拡充,教育委員会への届出承認事項の縮減など,「学校の裁量の拡大に積極的に取り組む」方向である。[4] だがたとえば,教職員の任命について,教育委員会や校長の権限は変わらないままである点などから見てとれるように,コミュニティスクールの権限が諸外国に比べて少ないことが課題になっている。[5]

その後のコミュニティスクールの広がりについて見ておこう。コミュニティスクールの設立については,教育行政の地方分権化という観点から教育委員会の判断に委ねられており,全国一律なものではない。

岡山市では,2006年11月に「岡山市市民協働による自立する子どもの育成を推進する条例(愛称:岡山っ子育成条例)」を制定した。[6] 同条例第5条は,学校園の責務として,「子どもが集団の中で自立に必要な力を身につけられるようにするとともに,子どもの学びの拠点として家庭及び地域社会の信頼」に応えるための7つの事項を明示している。その中で,「家庭及び地域社会へ積極的に情報を発信するとともに,相互の意見交換の機会を充実すること」や「地域社会と連携し,又は協力して,地域人材の活用を推進すること」が掲げられた。

この条例の行動指針(2008年3月作成)において,教育環境の充実を図る主な取り組みの主要なものとして挙げられたのが地域協働学校推進事業であり,これが岡山版のコミュニティスクール事業である。

この事業は,幼保小中を通じた一貫した方針の下に地域の子どもを育んでいこうとするものである。その特徴は,地域住民や保護者の代表が学校運営に参画できる組織づくりと,中学校区内の学校園の協働体制づくりの2つを同時に推進する点にある。文部科学省が進めている**「地域運営学校」**は学校ごとに指定されるが,岡山市では,1つの中学校区内のすべての幼稚園・小学校・中学校が**「地域協働学校」**として指定され,それらを束ねる地域協働学校運営協議

▷3 職員の任命権については II-6「地方の教育行政」を参照。

▷4 『地教行法の一部を改正する法律の施行について』文部科学省事務次官通知(2004年6月26日)

▷5 海外の先進諸国においては,1990年前後から学校と教育行政の権限配分を問い直す教育改革が進められている。特にイギリス,アメリカ,オーストラリアでは,教育課程編成,人事運営,財務運営等に関する権限が学校に大幅に委譲された。イギリスでは「学校のローカルマネジメント(Local Management of Schools)」,アメリカでは「学校に基礎をおいた経営(School-Based Management)」,オーストラリアでは「自律的学校経営(Self-Managing School)」という概念が,権限の大きな公立学校の経営という意味で使用されている。

▷6 「岡山っ子育成条例」のねらいは,子どもたちを取り巻く環境が大きく変化する中,「子どもたちが愛されていると実感できる家庭,学校園及び地域社会を実現し,市民協働による自立する子どもの育成を推進すること」である。2007年4月1日施行。

会が設置される。また，この運営協議会の連絡及び調整を図るため地域協働学校連絡協議会も設置される。

　岡山市で最初に地域協働学校に指名された岡輝中学校区を例に，より詳しくその概要を述べておこう。岡輝中学校区では保育園（2園），幼稚園（1園），小学校（2校）及び中学校（1校）の6校園の連携を通じて，生徒指導や学習指導における教育効果を学校区全体で高めることが目指された。同中学校区の地域協働学校運営協議会は，校園長（6名），PTA代表（4名），地域代表（7名），学識経験者（4名），行政関係者（2名），事務局担当教員（1名）の24名の委員から構成された。こうした委員構成をとった同協議会は，6校園の運営・取組に関する基本的な方針を協議・決定すること，保護者・地域住民のニーズを6校園長に意見具申すること，6校園と地域を緊密に結びつけるための情報を共有することなどの機能をもつこととなった。6校園・家庭・地域住民がそれぞれの立場を明確にし，それぞれの教育力を有効に働かせることが可能となったのである。

　中学校で顕在化する問題は，学区内の小学校から継続するものであり，すでに保育園・幼稚園で内包されている。中学校で高い学習意欲をもつには，小学校で確かな学力が保障されなければならず，それはまた，保育園・幼稚園で身につけられるべき基礎的な生活習慣に基づいている。こうしたことから，地域の子どもにとって継続的な学びの場となる学校園の連携協力の意義がみいだされよう。岡山版のコミュニティスクールは，その実現を図るための一つの手立てといえる。

（山口健二・佐藤博志・高瀬　淳）

# 9 組織としての学校のマネジメント

▷1　一般的に校務は，①学校教育の内容に関する事務，②教職員の人事管理に関する事務，③児童・生徒の管理に関する事務，④学校の施設・設備 (教材を含む) の保全管理に関する事務，⑤その他学校の運営に関する事務などに分類される。

▷2　この法的根拠として，学校教育法施行規則第43条には，「調和のとれた学校運営が行われるためにふさわしい校務分掌の仕組みを整えるものとする」と規定されている。

　学校が自ら設定した教育目的・目標を達成するためには，授業や生徒指導など児童・生徒に直接向き合うものだけでなく，学校を運営していく上で必要となる様々な校務がある。校務を掌握してとりまとめる権限 (校務掌理権) をもつ学校組織の最高責任者が校長である。学校教育法には校長 (幼稚園は園長) は「校務をつかさどり，所属職員を監督する」とある。

　学校教育法はまた，校長に加えて，教頭，教諭，養護教諭を「置かなければならない」職 (必置職) と定めている。さらに2005年から栄養教諭が，2008年から副校長・主幹教諭・指導教諭が「置くことができる」職として新設された。このうち後者をとくに**新設三職**と呼ぶ。

　校長は，自らの権限と責任の下に，これらの教職員が校務を有機的に分担する組織を編制し，その監督を行う。これが**校務分掌**である。校務分掌に際しては，①個々の教職員の専門性を生かし，その能力を最大限に発揮させること，②明確な教育方針に基づいて学校が組織的・一体的な活動を展開できるようにすること，③児童生徒や家庭・地域の実態に柔軟に対応できるようにすること，④学校裁量権の拡大を踏まえた管理運営の適正を図ることなどが配慮されなければならない。

　これまでの学校組織は，校長と教頭が，それぞれ専門性をもった多くの教職員を一括管理する「鍋ぶた型」の組織であると言われる。「鍋ぶた型」の組織は，児童・生徒の多様なで不確実な状況に対応しやすいといった長所がある。しかし，学校が自らの教育活動を保護者や地域住民に説明する責任を果たすためには，校長の明確な経営意思が教職員に伝えられ，それに基づいて個々の教職員の教育実践が効果的・効率的に統合されていくことが必要となる。その方策として，学校全体の管理運営を行う**経営層の充実**を図り，学校意思の迅速な決定を可能にする学校組織を確立するために新設されたのが副校長・主幹教諭・指導教諭である。

　このうち副校長は，教頭の上位に位置づけられ，校長の職務全体を補佐する役割をもち，さらに校長から命を受けた範囲で校務の一部を自らの権限で処理できる。校長を補佐し，校長とともに学校の管理運営に比較的大きな権限と責任をもって取り組むことに職務の内容が絞られ，学校経営者としての性格をより強くもった職であるといえる。これに対し教頭は校務全般を企画，調整，組織化して教職員に指導助言する職である。教頭は必置職ではあるが，副校長を

置く場合には教頭を置かなくともよい。両者をともに置くこともできるが，通常規模の学校であれば，どちらかを配置するのが現実的選択である。校長の補佐役を教頭とするか，副校長とするかは，学校の管理体制をどう設計するかという組織経営の観点から決められるものであり，その判断は地方自治体に委ねられている。

　教諭の職務は「児童（生徒）の教育をつかさどる」ことであるが，新設の主幹教諭は，これに加えて「校長及び教頭を助け，命を受けて校務の一部を整理」する職務が，**指導教諭**の場合は「他の職員に対して教育指導の改善及び充実のために指導及び助言を行う」という職務が与えられている。主幹教諭と指導教諭の新設のねらいは，やはり学校の組織管理の円滑化にある。これらが新設される以前でも，中堅教員が校長・教頭を補佐したり，若手教員を指導することは現実に広く行われてきた。複雑化した学校業務を考えれば，そうした活動が皆無というケースを想像するほうが難しい。現実が先行し，法令改正があとに続くことはよく見られるが，これらの職の新設もその一例といえる。しかし法令が整ったとしても，それで即座に制度改正が進むわけではない。今は，新設職を実際にどう配置するかを各地方自治体が慎重に判断している段階といえるだろう。

　従来からも学校には，特定の校務に教職員のリーダーとして関わる主任（学年主任や教科主任など）が置かれてきた。主任は，校長の監督を受けながら，担当する校務に関する事項について教職員間の連絡調整及び指導助言に当たることが職務とされている。そこでは，担当する校務に関して，法的な権限によってではなく，専門的な知識，経験，人格などによって教職員の教育指導を行うことが期待されている。これに対して主幹教諭は，一定の権限をもった中間管理職であり，校長から任された校務について責任をもってとりまとめ，他の教職員に効果的・効率的な実施のための指示ができる。つまり，新しい職の設置は，校長―副校長―教頭―主幹教諭といったタテの系統に学校経営の機能を集約することを意図したものといえる。

　学校が自らの目標を達成していくためには，すべての教職員が主体的に協力し合いながら，学校全体として組織的に校務を遂行していかなければならない。そのための校内組織としては，学校の規模や種別などの諸条件によって位置づけが異なるが，学校教育法施行規則により，**職員会議**が，校長の職務遂行を補助する機関とされている。ただし，実際の学校運営にあたり，職員会議は，校長を中心に教職員が一致協力して学校の教育活動を展開するため，学校運営に関する校長の方針や様々な教育課題への対応について共通理解を深めるとともに，児童生徒の状況等について担当する学年・学級・教科を超えて情報交換を行うなど教職員間の意思疎通を図る上で重要な意義をもっている。また，学校の目標を達成するためには，校務分掌に基づき，教育課程や予算をはじめとし

▷3　職員会議は，その権限や役割が長らく法令等によって定められてこなかった。2001年の学校教育法施行規則の改正により，次のように定められ，その法的位置づけが明確にされた。

第48条
　小学校には，設置者の定めるところにより，職務の円滑な執行に資するため，職員会議を置くことができる。
　2　職員会議は校長が主宰する。

た様々な計画を立案・実現していくことが求められ，そうした校務を担当する組織（各種委員会など）が設けられている。すべての教職員は，これらの組織に所属し，学校としての意思形成に参画し，実際の活動を統一的・協働的に行っていく。

　特色ある学校や開かれた学校を実現していくうえで学校は，保護者や地域住民の理解と協力のもと，個別のニーズに応じた教育活動を展開することが求められる。ただし，保護者や地域住民のニーズは社会の状況とともに絶えず変化する。その中で，保護者や地域住民が学校の人的資源となるような積極的な協力を得るためには，学校には自ら実態を率直に説明し，理解を得るといった説明責任（アカウンタビリティ）を果たすことが求められる。加えて今日の学校は，部活指導者，スクールカウンセラー，ソーシャルワーカーなどの外部スタッフの高い専門性を求めるようになっている。そうした内外の人材や機関との有機的協働のもと機能強化された新しい組織像を，文部科学省は「**チーム（としての）学校**」というキーワードで提唱している。

　こうした学校内外の能力や資源を開発・活用し，学校に関与する人たちのニーズと適応させながら，学校が設定する教育目的・目標を達成していくのが今日の学校組織のマネジメントである。岡山県では，学校組織マネジメントについて，「教職員がコミュニケーションを通じて協働し，学校内外の諸資源（人，物，金，時間，情報，知識，文化等）を開発，活用しながら，設定した目標の達成を通して，それぞれの学校のミッションを実現していく営みである」と説明している。急激に変化する社会の中で，学校には，児童生徒や保護者・地域の学校教育に対する様々な要請やニーズ─学校のミッション（使命・存在意義）を踏まえた教育活動を展開していくことが求められ，個々の教職員がそれぞれの得意分野を生かして学校経営に参画し，組織的に行動できるようになることが重要となる。

（高瀬　淳・山口健二）

Ⅱ　学校教育のデザイナーとしての教員

# 10 生涯学習社会における学校教育のあり方

　2006 年に改正された**教育基本法第 3 条**では，「生涯学習の理念[1]」が示され，生涯学習社会の実現を図ることが目指されている。さらに，2008 年に出された内閣府の「生涯学習に関する世論調査」によると，生涯学習という言葉の周知度は 8 割にものぼっている。このように，生涯学習という考え方は，世間にも浸透し，教育を支える基本的な理念になってきている。

　しかし，生涯学習に対してはまだまだ誤解が多いようだ。とくに，生涯学習と聞けば，高齢者の生きがいづくりとして，公民館等で趣味・教養を中心とした学習を行うというイメージをもっている読者の方も多いことだろう。このイメージが，生涯学習は高齢者のものであり，子どもや学校教育とは関連がないという誤解を生んだのかもしれない。

　だが，中央教育審議会答申「生涯学習の基盤整備について」(1990 年) では，「生涯学習は，学校や社会の中での意図的，組織的な学習として行われるだけでなく，人々のスポーツ活動，文化活動，趣味，レクリエーション活動，ボランティア活動等の中でも行うものであること」と位置づけられているのを見落としてはならない。つまり，学校の中で行われる学習も生涯学習なのである。

　このようにみると，生涯学習，それを支える生涯教育は，学校教育，家庭教育，社会教育等，「全ての教育機会・機能を対象にして，これらを人々の生涯にわたる学習に役立つように組み立てる上位の概念[2]」と考えることができる。そのため，生涯学習（教育）には，全ての教育を関連づけ，互いに補完しあったり，相互媒介による新たな力を創出したりする，統合 (integrated) という考えが重要になってくる[3]。1965 年にパリで開かれたユネスコ成人教育推進国際会議で，**ポール・ラングラン** (Lengrand, P.) によって提唱された生涯教育が，英語で "lifelong integrated education" と表現されたのも，このためであろう。

　生涯学習における鍵概念である統合は，一生涯という時間的な垂直的統合と，学校・家庭・地域という教育の場の空間的な統合を図る水平的統合の二つの意味から成っている。そこで，ここでは垂直的統合と水平的統合という，いわゆるタテとヨコの視点から，生涯学習社会における学校教育のあり方について考えてみたい。

　垂直的統合の視点で，学校教育を捉えると，学校の卒業は学びのゴールではなく，むしろ生涯続く学びのスタートであるといえるだろう。つまり，ラング

**重要項目**
教育基本法第 3 条
ポール・ラングラン
地域とともにある学校
チーム学習
大人の学びなおし

▷1　教育基本法第 3 条
「国民一人一人が，自己の人格を磨き，豊かな人生を送ることができるよう，その生涯にわたって，あらゆる機会に，あらゆる場所において学習することができ，その成果を適切に生かすことのできる社会の実現が図られなければならない。」

▷2　伊藤俊夫編『生涯学習概論』(国立教育政策研究所社会教育実践研究センター)，文憲堂，2006 年，2 頁。

▷3　同上書，4 頁。

ランがいうように，学校教育は音楽にたとえれば，序曲の役割を担うことになるのである。その際，学校では，「いろいろなテーマに関するコースを提供するよりむしろ，未来のおとなが自己を表現し，他の人と意志の疎通ができるような手段を身につけさせるべきである。当然，力点は言語を使いこなすこと，集中力や観察能力を発達させること，また，どこでどうすれば必要な情報を得られるかを知ること，そしてさらには，他の人とともに協力できる能力を獲得することなどにおかれるべきである[4]」ともいっている。

この指摘は，今でも決して色あせてはいない。むしろますます急激に変化する現代社会だからこそ，生涯学習者として学習を続けていくための基礎能力の育成[5]という重要な役割が学校教育に求められている。

ただし，こうした役割を学校教育だけで果たしていくには限界があり，水平的統合の視点から，地域との関係のあり方を問い直す必要が出てきた。そうした状況の中，中央教育審議会において，「新しい時代の教育や地方創生の実現に向けた学校と地域の連携・協働の在り方と今後の推進方策について（答申）」（2015年）が取りまとめられた。この答申では，学校と地域がパートナーとして相互に連携・協働し，社会総がかりで教育の実現を図る必要性が強調されている。そして，これからの学校と地域の目指すべき連携・協働の姿として，「地域とともにある学校への転換」，「子供も大人も学び合い育ち合う教育体制の構築」，「学校を核とした地域づくりの推進」を提案している。とりわけ，学校に対しては，開かれた学校から一歩踏み出し，地域の人々と目標やビジョンを共有し，地域と一体となって子どもたちを育む**「地域とともにある学校」**への転換を求めている。

こうした新しい時代の学校への転換を図るためには，学校と地域がパートナーとして「目指す子ども像」等のビジョンを共有していくことが肝要となる。しかし，事はそう簡単にはいかない。教員や保護者，地域住民といった学校にかかわる多様な大人たちは，成人であるがゆえに，「固定的で硬直した考え方」を様々に抱えているからだ。たとえば，保護者や地域住民をチームの一員だと思っている教員は少ないだろう。つまり，「多くの学校はそれらの人々をあいかわらず教師の補助者（サポーター）と考えている[6]」のが現状なのである。

一方，保護者や地域住民も学校のことは教員に任せておけばよいし，自分たちはやはりサポーターに過ぎないとの思いが強いようだ。これでは当事者意識に問題があるといわれても仕方がない。しかし，だからこそ，学校にかかわる多様な大人たちが，互いの「固定的で硬直した考え方」を問い直していく必要があると言える[7]。そのためには，学校にかかわる大人同士の学び，つまり**「チーム学習」**が重要になってくる。先述した彼・彼女らの考え方は，暗黙の了解や前提となっているため，本人にはなかなか認識されにくいだろう。まし

▷4　麻生誠編『生涯発達と生涯学習』放送大学教育振興会，1993年，14-18頁。

▷5　ここでいう生涯学習を行うための基礎能力には，学習者が"学ぶことのよろこび"と"学び方"の両方を知っていることが含まれている。

▷6　紅林伸幸「協働の同僚性としての《チーム》―学校臨床社会学から―」『教育学研究』74（2），日本教育学会，2007年，174-188頁。

▷7　熊谷愼之輔「地域連携からみた『チーム学校』」『教育と医学』64(6)，慶應義塾大学出版，2016年，468-474頁。

▷8　2015年の中央教育審議会答申「チームとしての学校の在り方と今後の改善方策について」で示された

てや学校という同じ職場にいる教職員同士では，なおさら気づきにくい。それゆえにこそ，学校にかかわる多様で異質な大人たち，すなわち「大きなチーム学校」[8] のメンバーが，チームによる学びあいによって，それぞれが抱える「固定的で硬直した考え方」を変容していくことが求められる。コミュニティ・スクールにおける「学校運営協議会」や，「地域学校協働本部」[9] などが，その場としての役割を果たすことが期待される。

　さらに，そうした組織化された場での「チーム学習」を通して，ビジョンが共有化され，それをもとに取り組みを企画・立案し，「地域学校協働活動」[10] が展開されていく。そして，活動を通した学びあいによって，学校にかかわる大人たちは同じ「チーム」のメンバーであるとの認識が進み，「固定的で硬直した考え方」の変容も促されるのだろう。もちろん，そこでは綺麗事ばかりでなく，彼・彼女らの間で意見の衝突や対立が起こることも少なくないだろう。しかし，対立や葛藤を通じて，互いの価値観を認めあうことも可能になる。つまり，それを「学びが深められるチャンス」と肯定的に捉えることも必要なのである。

　このようにみると，「チーム学習」の場は，大人同士の学びあいによる彼・彼女らの変容を促す場だと再確認させられる。それに関連して，志水宏吉によると，連携とは，「自分たちがもともとやっていることを変えずに協力関係をもつ」というスタンスなのに対して，協働（コラボレーション）では，「共同作業によって新しい人間関係や教育的活動をつくっていくことを通じて，お互いが変わっていく」という側面が重要視される。[11] **大人の学びなおし**，である彼の指摘，さらにここまでをふまえると，「新しい時代の教育や地方創生の実現に向けた学校と地域の連携・協働の在り方と今後の推進方策について（答申）」のキーワードにもなっている「協働」へと高める鍵は，やはり「チーム学習」を通した大人自身の変容が握っているといえよう。

（熊谷愼之輔）

校長の監督の下，専門スタッフから成る「チーム学校」に対して，保護者や地域住民等もチームに含めてメンバーを拡大させた「大きなチームとしての学校」の考え方である（熊谷，2016）。これは，教職員を中心に専門スタッフから成る「チーム学校」の考え方を否定するものではない。両方の考え方をふまえて推進することで，相乗効果が生まれ，総合的に学校のチーム力をアップさせることを求めている。

▷9　これまでの学校支援地域本部等の地域と学校の連携体制を基盤として，より多くのより幅広い層の地域住民，団体等が参画し，緩やかなネットワークを形成することにより，地域学校協働活動を推進する体制として，2015年の答申で提言された。学校支援地域本部などの従来の地域の学校支援の取り組みとの違いは，地域による学校の「支援」から地域と学校のパートナーシップに基づく双方向の「連携・協働」へと発展させていくことを目指している点にある。

▷10　地域学校協働活動とは，地域の高齢者，成人，学生，保護者，PTA，NPO，民間企業，団体・機関等の幅広い地域住民等の参画を得て，地域全体で子どもたちの学びや成長を支えるとともに，「学校を核とした地域づくり」を目指して，地域と学校が相互にパートナーとして連携・協働して行う様々な活動である。

▷11　志水宏吉『学力を育てる』岩波新書，2005年，192頁。

# 地域社会と連携した学校教育のあり方

**重要項目**
教育基本法第13条
総合的な学習の時間
特色ある学校づくり
地域の教育資源
Win・Winの関係

教育基本法は2006年に改正された。新たな条文が追加されたが，それらは戦後60年を経たわが国の将来の教育理念と教育課題を示したものと見ることができる。そのなかでも本章では，学校・家庭・地域社会との連携を掲げた，**教育基本法第13条**に注目する。条文は以下のとおりである。

> 学校，家庭及び地域住民その他の関係者は，教育におけるそれぞれの役割と責任を自覚するとともに，相互の連携及び協力に努めるものとする。

そもそも学校と「家庭及び地域住民その他の関係者」の連携が成り立つためには，学校教育のなかに学校外の人材や機関がかかわれる部分がなければならない。かつての学校にはこうした余地はほとんどなかった。学校の教育課程は学術的な観点から系統化されるとともに，学習の効率性の観点から細分化されていた。こうした系統性は当然ながら，一般の生活社会における「知の原理」とは異なるものであった。さらにかつては，学習事項の「詰めこみ」という問題もあった。1989年に改訂された学習指導要領で，小学校低学年に生活科が導入されたという動きはあったにせよ，学校教育の「知の原理」と子どもたちの生活世界の「知の原理」は相互に距離をとる方向で戦後教育は歩んできたといっていい。

この状況を一変させたのが，1998年の学習指導要領改訂によって導入された総合的な学習の時間である。その導入を建議した教育課程審議会によれば，そのねらいのひとつは「知識と生活との結び付きを重視して，知識や技能等が総合的に働くようにするとともに，体験的な学習，問題解決的な学習，調べ方や学び方の育成をはかる学習を活発に行う」ことにあった。このとき，学校の教育課程と子どもたちの生活社会の「知の原理」との関係をどう修復するかが大きな課題として認識されたのである。

総合的な学習は導入当初，教育現場に大きな当惑をもたらした。具体的に何を指導すべきかが示されなかったからである。▷1　総合的な学習は各学校の創意工夫を生かした特色ある教育活動を求めて新設されたものだが，そもそも創意工夫は学習指導要領のような「上から」の指針で示せるものではない。

各学校に創意工夫が促されはじめたのは，**「特色ある学校づくり」**を唱えた1996年の中央教育審議会答申『21世紀を展望した我が国の教育の在り方について』のころからである。**総合的な学習の時間**が導入されたのは，そのわずか

▷1　総合的な学習の時間の導入時の学習指導要領では，第1章「総則」の一節を充てて，その「取扱い」を述べていた。そこでは，指導の目標と内容は各学校が定めることとされていたため，具体的な学習内容については，ごく全般的な示唆以上のものはなされていなかった。その後，総合的な学習の時間の「取扱い」は，「総則」から独立し，独立した章で記載されるようになり，それも改正のたびに拡充されている。とはいえ，指導の目標と内容を各学校が個別に定めなければならない点については変わっていない。

2年後であった。この短期間のうちに，これまで全国一律で歩んできた学校に
それぞれに違う顔をもつことを求めたのである。こうして，それぞれの特色を
模索した学校は，地域社会の自然環境，伝承文化，行事等の学校外の教育資源
に目をむけはじめた。

そして2006年，改正教育基本法に学校・家庭・地域との連携についての条
文が新設された。これは総合的な学習の時間の導入からほぼ10年が過ぎ，そ
の安定的，建設的な指導体制が各学校で整っていたころであった。それからさ
らに年を重ねた今日の学校教育は，地域社会に目をむけるだけですまされる状
況にはない。学校外の教育資源を活用して，総合的な学習の時間はもちろん，
教育課程を全体としてどう充実させていくかが求められている。

　ここで**地域の教育資源**を，経験や技能を備えた人材という意味での人的資源
と，図書館，公民館，博物館などの社会教育施設をはじめとする制度的資源に
分けて，それぞれの活用の方向性を考えてみよう。

　まず人的資源についてであるが，外部人材を学校に迎えるための制度改正は
進んでいる。その端緒は「開かれた学校」[2]が提唱されたころである。学校ボラ
ンティアは導入当初，校庭整備や登下校の安全管理等の教育課程の周辺を委ね
られることが多かったが，学校は次第に，意欲的なボランティアを授業補助や
講師として招くようになった。現在では，「余人にかえがたい」技能や知識を
もつ人材を特別非常勤講師という「職員」にすることも制度的に可能となって
おり，各地の芸能家，郷土史家，工芸家，武道家等が雇用されている。

　また今日の学校は保護者，地域人材，学生，団体や企業の職員などからの継
続的な教育支援も積極的に受けいれている。その範囲は，およそ学校経営のす
べての領域に及んでいる。こうした外部人材は「学校支援ボランティア」と総
称されるが，かならずしも無償ではない（有償の場合は，しばしば学校支援員など
と呼ばれる）。今日の「チーム学校」[3]のマネジメントはこうした外部人材のサ
ポートを前提としてなりたっている。もはや"教員"だけが学校教育を担う時
代は過去のものということである。拡大する"チーム"のマネジメントの効率
性と継続性をどう維持するかは，今日の学校教育の質保証の観点からも，いっ
そう重要な課題となってゆくだろう。

　学校外の人的資源の活用という課題は，「学校を開く」という段階を終えて，
人材を効果的，積極的にどう発掘するかという段階に来ている。かつて外部人
材の招請は，担当教員の個人的なつながりに負う部分が大きかったが，「人づ
て」に頼るだけでは長期的・安定的な展望をえにくいのはいうまでもない。今
日では，学校を支援しうる潜在的な人材を広範にプールし，個々の学校の教育
的ニーズとマッチングする組織を設立する動きが広がっている。

　次に制度的資源についていえば，2003年の学習指導要領一部改正により，
「公民館，図書館，博物館等の社会教育施設や社会教育関係団体等との連携」

▷2　Ⅱ-8「『開かれた学
校』の現在」を参照。この
「開かれた学校」という教
育理念も，前述の中央教育
審議会答申『21世紀を展
望した我が国の教育の在り
方について』で同時に示さ
れたものである。

▷3　「チーム学校」につい
ては，Ⅱ-9「組織としての
学校のマネジメント」参照。

が明記され，その重要性はいっそう広く認識されるようになった。制度的資源の場合も，その今日的な課題は，ただそこに子どもを送迎するという段階を経て，学校教育全体の充実化のためにそれをどう活用すべきかという段階に進みつつある。

　こうした取り組みの先駆的なものとして滋賀県に注目しよう。2008 年に「しが文化芸術学習支援センター」が行政のサポートも得て発足した。これは，それ以前のほぼ 10 年にわたり地元 sNPO が学校と地域資源の連携授業をコーディネイトしてきた実績をふまえたものである。同センターの役割の一つは，個々の学校の教育的ニーズに適合する外部人材・機関を斡旋し，連携授業の実践をサポートすることである。実際，滋賀県では県下の美術館・博物館をはじめ，企業や行政機関，個人アーティスト等を教育資源として活用する学校が着実に増えた。[4]

　あらためて総合的な学習の時間について強調しておこう。それは学校経営のあり方についても発想の転換を求める大きな契機となった。総合的な学習の時間をめぐる教育課程，指導計画の策定にあたっては，各学校が全体のデザイン，教育目標と内容をそれぞれに創意工夫することが求められた。これは多くの学校にとってはじめての経験であった。それが今日では，各自治体に「教育振興計画」の立案が求められ，さらに各学校は"特色"を掲げ，その実現にむけた経営手段の選択・配分について独自に意思決定しなければならない。学校教育を「マネジメント」する責任は，もはや総合的な学習をこえて，すべての教育課程・指導計画において求められる時代になっているのだ。

　学校と外部人材・機関との連携について最後に重要な点を述べておきたい。こうした連携が学校教育の支援となっていることは間違いないが，学校教育の支援のために連携があるとの発想が見られるのは問題である。外部人材・機関との連携を恒常化するためには，支援する側と支援を受ける側の双方に得るものがなければならない。これはしばしば **Win・Win** の関係と呼ばれる。学校ボランティアは生涯学習の充実化という意味で参加が推進されていることを忘れてはならない。支援者にとって学校は自己を磨く場なのである。また，公民館，図書館，博物館等の機関も，それぞれが個別のミッションの実現のため活動している。学校がそうした外部人材・機関のニーズに適切に対応したうえで，地域社会のすべての住民の自己実現にとって魅力ある機関になりうるかどうかが，今日の重要な課題と見るべきなのである。　　　　　　　　　　（山口健二）

▷4　同様の事業は，「学校支援地域事業本部」と総称される組織を中心として各地で展開されている（組織の個別の名称は地域ごとに異なる）。

## Ⅱ　学校教育のデザイナーとしての教員

# 12 地方創生と学校

　わが国が直面する**人口急減・超高齢化**の問題に政府一体となって取り組み，各地域の特徴を生かした自律的で持続的な社会を創生できるよう，2014 年 11 月に地方創生の理念等を定めた「まち・ひと・しごと創生法」が公布・施行された。また，同法を基づき「まち・ひと・しごと創生長期ビジョン」（同年 11 月）と，これを実現するための目標や施策等を示した「**まち・ひと・しごと創生総合戦略**」（同年 12 月）が閣議決定された。

　このような地方創生関連の施策展開を受け，2015 年に文部科学省では中央教育審議会答申「新しい時代の教育や地方創生の実現に向けた学校と地域の連携・協働の在り方と今後の推進方策について」を取りまとめ公表している。ここで大切なのは，答申のタイトルからうかがえるように，連携は“手段”であって，学校と地域の連携・協働を進めることにより，「新しい時代の教育や地方創生を実現」することが“目的”であるという点である。そして，その目的のためには，学校と地域の関係や在り方のみならず，学校自体の捉え直しも求められる。

　これに関しては，すでに 2011 年の文部科学省の有識者会議による「子どもの豊かな学びを創造し，地域の絆をつなぐ～地域とともにある学校づくりの推進方策～」（提言）において，以下のような学校の可能性が見いだされている。

> 　日本の公立学校は，全国どこの地域にもあり，優秀な教職員が配置されており，震災時の避難所としての機能にとどまらず，全国で地域社会を支えるインフラとなっている，世界でも画期的なシステムと言える。地域に根を張り，地域の礎となっている学校は，地域の教育力向上や学校を核とした地域ネットワークの形成といった形で，地域づくりに貢献することが可能である。

　ここにみられるのは，これまでの地域を教育資源として活用していこうとする学校ではなく，学校自身も「地域社会を支えるインフラ」，すなわち「地域の資源」であるという新たなスタンスである。こうした捉え方は，2015 年の答申に引き継がれ，まとめられていく。たとえば，同答申では，教育の役割を「地域社会を動かしていくエンジン」とし，学校を「子供たちの豊かな学びと成長を保証する場としての役割のみならず，地域コミュニティの拠点として，地域の将来の担い手となる人材を育成する」場としても位置づけたうえで，地方創生の観点から次のように述べている。

**重要項目**
人口急減・超高齢化
まち・ひと・しごと創生総合戦略
地域との協働による高校教育改革推進事業
岡山県北地域教育プログラム
地域枠採用

▷1　5 カ年計画である「まち・ひと・しごと創生総合戦略」には，学校を核とした地域活性化及び地域に誇りを持つ教育を推進するとともに，公立小・中学校の適正規模化，小規模校の活性化，休校した学校の再開支援を行うこと等が盛り込まれている。また，2015 年に閣議決定された「まち・ひと・しごと創生基本方針 2015」には，学校と地域が連携・協働する体制を構築するため，コミュニティ・スクール等の取り組みを一層促進することも示されている。

▷2　高校生の興味関心と地域課題とを効果的にマッチングするための連携母体で，市町村，大学，産業界，小中学校，社会教育機関，市民団体等の地域の多様な主体で構成される。

▷3　「岡山県北地域教育プログラム入試」は，大学入試センター試験を課さない推薦入試である。「一般入試」とは異なり，書類審査及び小論文・個人面接・集団面接を行い，岡山県北地域の教員として，学校のみならず，地域社会へ貢献しようとする意欲や適性を総合的に評価する入試方法である。本入試による入学者は，「岡山県北地域教育プログラム」を履修することになり，学校教育教員養成課程の入学者（15名）は，小学校教育コースあるいは中学校教育コースの「地域教育専修」に所属し，養護教諭養成課程の入学者

> 「地方創生の観点からも，学校という場を核とした連携・協働の取組を通じて，子供たちに地域への愛着や誇りを育み，地域の将来を担う人材の育成を図るとともに，地域住民のつながりを深め，自立した地域社会の基盤の構築・活性化を図る「学校を核とした地域づくり」を推進していくことが重要である。成熟した地域が創られていくことは，子供たちの豊かな成長にもつながり，人づくりと地域づくりの好循環を生み出すことにもつながっていく。また，地域住民が学校を核とした連携・協働の取組に参画することは，高齢者も含めた住民一人一人の活躍の場を創出し，まちに活力を生み出す。さらに，地域と学校が協働し，安心して子供たちを育てられる環境を整備することは，その地域自身の魅力となり，地域に若い世代を呼び込み，地方創生の実現につながる。

　ここに挙げられる「若い世代」という点では高校生も注目され，地方創生に資する高等学校の改革が進展してきている。先駆的な取り組みとしては，島根県や長野県の事例が有名であるが，岡山県の高等学校でも，地域課題の解決を考える地域学等の授業の導入が進んでいる。そのための支援としてまず必要なのが，高校生と地域課題のマッチングを効果的に行うための「コンソーシアム（地域連携組織）」であり，岡山県内における設置も推進されている（表Ⅱ-1）。

　次に，高校生が地域課題の解決等を通じた探究的な学びを行う際に，地域と高等学校の間を取り持つ「地域コーディネーター」による支援も重要である。表にみられる文部科学省の「**地域との協働による高校教育改革推進事業**」や岡山県教育委員会による「高校魅力化推進事業」においても，地域コーディネーターの配置が定められており，人件費も補助されている。

表Ⅱ-1　岡山県立高等学校におけるコンソーシアム（地域連携組織）の設置

| 事業名 | 内容 | コンソーシアム | 高校の動き |
|---|---|---|---|
| 地域との協働による高校教育改革推進事業（文科省事業、2019年度〜） | 【地域魅力化型】新たな価値創造へ地域をよく知り、コミュニティーを支える人材を育成 【グローカル型】グローバルな視点を持ってコミュニティーを支える地域リーダーを育成 | ・将来の地域ビジョン・求める人材像の共有や協働プログラムの開発 ・学校と地域をつなぐコーディネーターを指定 | ・地域との協働による活動を学校の活動として明確化 ・専門人材の配置等、学内における実施体制を構築 |
| 高校魅力化推進事業（県教委事業、19年度〜） | 小規模校の教育の質確保や地域と連携した魅力づくり | 【狙い】・高校生のうちに地元地域を知ることにより、地元への定着やUターンが促進される ・地域の活動に高校生が参画することにより、地域活力の向上へ期待 | 【狙い】・地域における活動を通じた探究的な学びの実現（新高等学校学習指導要領への対応） ・学校の中だけではできない多様な社会体験 |
| おかやま創生高校パワーアップ事業（県教委事業） | 生徒が地域の課題解決を目指す取り組みを実施し、地方創生を担う人材の育成や地域活性化に貢献する高校の魅力化を推進 | | |

（出典）『山陽新聞』2019年10月13日

　さらに，地方創生に資する高等学校の改革をベースにしながらも，取り組みを小・中学校や大学等へと接続し，拡充していくことが肝要である。とりわけ，

図Ⅱ-3の文部科学省のHPにみられるように，地域人材の育成という意味で，大学等の果たす役割は大きい。しかも，地方創生と教育の関連でいえば，教員養成という人材育成の重要性がクローズアップされてくる。

そこで，岡山大学教育学部では，「地域学校協働活動」を核にした学校教育と社会教育の一層の連携・協働により，学校と地域双方の持続可能な

図Ⅱ-3　新たなコミュニティ創造に向けた大学等との連携の推進について

（出典）　文部科学省 HP（https://www.mext.go.jp/component/a_menu/education/micro_detail/__icsFiles/afieldfile/2018/07/13/1407043_1.pdf）

活性化を志向していく教員を養成するため，2018年度より「**岡山県北地域教育プログラム**◁3」を導入している。導入の背景には，**地域枠採用**，すなわち人口減少が進む地域に勤務する教員を別枠で採用する試みが各地で始められつつあることがあげられる。岡山県でも県北12市町村の教員が別枠募集され，学校づくりと地域づくりの核となる人材の発掘・育成が進められている。

こうした人口減少と地方創生の時代における学校と地域の双方の問題を当事者として考えていくことができる教員を，従来の大学を中心とした講義や実習だけで養成することは難しい。そのため，本プログラムでは，学校・教育委員会・大学が教員養成教育の主体となり，ともに創っていく「協創的教員養成」の理念のもとに進められている。その意味で，本プログラムは「教員養成のイノベーション」につながることが期待される。　　　　　　　　　　　　（熊谷愼之輔）

（5名）は，同課程の「地域教育専修」に所属することになる。学生たちは，学校教育教員養成課程および養護教諭養成課程の基本的なカリキュラムにのりながら，4年間にわたる地域教育プログラム独自の科目を並行して履修する。

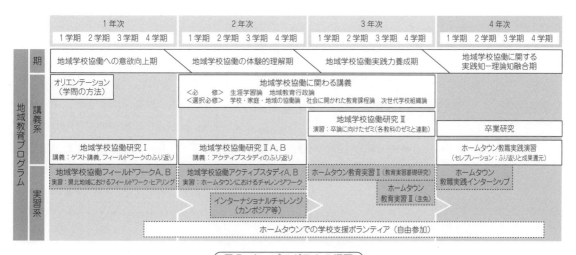

図Ⅱ-4　プログラムの概要

# ESD：学校教育の社会的使命

ESD（持続可能な開発のための教育）とは何か

## 1 持続可能な開発

　あなたは私たちの目の前にいる子どもが社会に出る 10 年後，20 年後の日本や世界の姿を想像したことはあるだろうか。さらに，それから後の未来はどのようになっているだろうか。現在，私たちを取り巻く諸問題，たとえば，グローバルスケールで進んでいるとされる地球温暖化，生物多様性の喪失，人口増加，貧困の存続，地域紛争などはどうなっているだろうか。

　そうした，未来の日本，世界で生きていく子どもに私たちができることのひとつが ESD である。◁1

　持続可能な開発については，いくつかの定義や解釈があるが，一般には 1987 年のブルントラント委員会報告書による「持続可能な開発とは，将来世◁2代のニーズを満たす能力を損なうことなく，現在世代のニーズを満たすような開発のこと」と説明される。すなわち，持続可能な開発の実現には，南北格差に代表される地域間の不平等の解消といった世代内の公正と，天然資源や自然環境の保全といった世代間の公正の両立が求められることになる。そのためには，環境・経済・社会の持続可能性を調和的に追究する必要がある。

　こうした，持続可能な開発は，個人個人が生活の中で意識し，行動しなければ実現しない。ESD は，持続可能な開発の実現のために，私たちの生活が世界，環境，将来世代とつながりの中で成立していることを認識し，行動変革を促す教育ということができる。

## 2 ESD のはじまりと展開

　ESD の直接的な起源は，2002 年に開催された持続可能な開発に関する世界首脳会議（ヨハネスブルクサミット）における日本の民間団体と政府による「国連の 10 年運動」としての提案である。それを受けて，「国連持続可能な開発のための教育の 10 年　2005 —14」が国連で決議され，ユネスコがその主導機関に指定された。

　しかし，持続可能な開発の概念はそれ以前から存在していた。具体的には，1972 年の国連人間開発会議や，1992 年の国連環境開発会議における，地球規模での環境問題の深刻化を懸念する議論の中で，大量生産・大量消費・大量廃棄時代から，省資源・省エネルギー時代の転換を目指す方向性が示されていた。

▷1　ESD とは Education for Sustainable Development の略称で，「持続可能な開発のための教育」と訳される。

▷2　正式名称は，環境と開発に関する世界委員会報告書「我ら共通の未来」である。

　持続可能な開発が国際的な文書に明記されたのは 1987 年の環境と開発に関する世界委員会の報告書「我ら共通の未来」（ブルントラント委員会報告書）だといわれている。この委員会で，環境と開発は複雑なシステムの中で密接な関係を持っており，異なる制度や政策によって個別的に取り扱える問題ではないことが合意され，上述の持続可能な開発の定義が示された。その後，持続可能な開発および持続可能な社会という用語が急速に普及した。これは，日本においても，1993 年の環境基本法に反映されている。

## ③ 日本における ESD の取り組み

　持続可能な開発に向けて取り組むべき分野は，それぞれの国の状況や事情により異なる。開発途上国では，貧困撲滅が最優先課題であり，持続的成長，個人の生活水準と福祉の向上及び人間の安全保障の実現等が緊急の課題となるのに対して，先進国においては，環境保全，人権や平和等の社会的な課題，貧困等の経済的課題について取り組んでいくことが必要とされる。しかし同時に，世界の社会経済は，相互に結びついており，各地域や国がお互いの課題について理解し，協調して取り組むことが必要となる。

　日本における ESD に関する取り組みは，2006 年の関係省庁連絡会議による「わが国における「国連持続可能な開発のための教育の 10 年 2005 - 14」実施計画」を基盤とし，2016 年に同会議で決定された「ESD 国内実施計画」に引き継がれている。持続可能な開発のためには，地球上で暮らす我々一人一人が，環境問題や開発問題等の理解を深め，日常生活や経済活動の場で，自らの行動を変革し，社会に働きかけていく必要がある。こうしたことから，日本では，持続可能な開発のための「教育」の重要性を国際社会に一貫して主張しながら ESD を推進してきた。

　具体的には，2008 年以降，一貫して教育振興基本計画に，持続可能な社会の構築に向けた教育に関する取組の推進を明記するとともに，その位置づけを拡充している。また，学習指導要領においても 2008 年に「持続可能な社会」の学習という表記を盛り込み，学校教育での ESD 推進の基盤を構築した。これらの結果，日本における ESD の取り組みは学校教育や社会教育及び地域における取組の現場等様々な場面で一定の成果をもたらした。

　持続可能な社会の構築のための諸課題は相互に密接に結びついていることから，ESD の推進には，各主体の自発的な取組みを連携させることが重要であり，同分野内，異分野間，地域間，中央と地方の間の連携と国際的な連携の強化が必要となる。この際，異なる主体間をつないだり，多様な主体の特徴と地域資源の状況を踏まえて活動や組織を構築するコーディネート・マネジメント能力を持つ人材や組織が必要となる。各地域において，これらのコーディネート・マネジメント機能を担うものとして，大学，教育委員会，社会福祉協議会，

▷3　なかでも，人格の発達や，自立心，判断力，責任感などの人間性を育むという観点，個々人が他人との関係性，社会との関係性，自然環境との関係性の中で生きており，「関わり」，「つながり」を尊重できる個人を育むという 2 つの観点が重視されている。

表Ⅱ-2　ESD関連年表

| 年 | 事　項 |
|---|---|
| 1972 年 | 国連人間環境会議（ストックホルム） |
| 1987 年 | 環境と開発に関する世界委員会報告書「我ら共通の未来」（ブルントラント報告書） |
| 1992 年 | 国連環境開発会議（地球サミット：リオデジャネイロ）・アジェンダ21 |
| 1993 年 | 環境基本法 |
| 2000 年 | 国連ミレニアム開発目標 |
| 2002 年 | 持続可能な開発のための世界首脳会議（ヨハネスブルグサミット） |
| 2002 年 | 国連決議「国連持続可能な開発のための教育の10 年　2005 ─14」 |
| 2003 年 | 環境の保全のための意欲の増進及び環境教育の推進に関する法律 |
| 2005 年 | ユネスコ「国連持続可能な開発のための教育の10 年 2005 ─14」 |
| 2006 年 | わが国における「国連持続可能な開発のための教育の10 年 2005 ─14」実施計画 |
| 2008 年 | 教育振興基本計画への「持続可能な社会の構築」の採用。 |
| 2008 年 | 新学習指導要領（平成 21・22 年改訂）への「持続可能な社会」の採用 |
| 2011 年 | 東日本大震災（3.11） |
| 2014 年 | 国連 ESD の 10 年最終年会合（岡山市・名古屋市） |
| 2015 年 | ESD に関するグローバル・アクション・プログラム（GAP）（2015-2019） |
| 2015 年 | 国連持続可能な開発目標（SDGs）採択 |
| 2016 年 | 我が国における「ESD に関する GAP」実施計画　（ESD 国内実施計画） |
| 2016 年 | ESD 活動支援センター（全国センター）開設 |
| 2017 年 | 学習指導要領（平成 29・30 年改訂）前文に「持続可能な社会の創り手」の明記 |
| 2019 年 | 国連「ESD for　2030」採択 |

NPO，公民館等の教育や地域活動の支援組織がある。これらを支援するために 2016 年に ESD 活動支援センターが開設され，その翌年には全国 8 箇所に地方 ESD 活動支援センターが開設された。

  **国連持続可能な開発目標（SDGs）**

　2015 年 9 月に開催された国連総会において，2030 年を達成期限とする持続可能な開発目標（SDGs）が合意された。これは，2000 年に国連で採択され 2015 年を達成期限として取り組まれた国連ミレニアム開発目標（MDGs）の成果と課題を踏まえたものである。SDGs は，発展途上国のみならず先進国においても実現すべき 17 の目標（Goal）と 169 のターゲットから構成され，「誰一人取り残さない」という理念のもと全世界で取り組みが進められている。

　世界の経済格差は経済のグローバル化による経済的発展にもかかわらず，必ずしも縮小していない。また，経済格差は教育，情報，社会組織，保健，人権，環境などに関する諸機会を平等に享受できない状況と関係する多元性を有した問題である。また，気候変動や生物多様性の喪失などの環境問題も一層深刻化している。

　このように世界規模で起こっている問題に対して，自分はあまりにも小さく何もできないと思うかもしれない。しかし，私たちの生活とそれらの問題は構造的につながっており，私たちの豊かな生活はそれらの問題に悩む人びとの上に成り立っているとも考えられる。持続可能な社会をつくるためには，世界の現実をしっかりと認識し，私たちの意識と生活や世界とのつながり方を変えていく必要がある。所得配分からみて，世界で最も豊かな国ぐにに属する日本において，これらの問題に悩む人びとに共感し，その解決のために「地球規模で考え，地域で行動する」意識をもった子どもを育てることは，学校教育に期待されている重要な社会的使命であり，ESD はそれを達成するための意義ある取り組みと言える。

(川田　力)

**参考文献**

田中治彦・三宅隆史・湯本浩之編著『SDGs と開発教育　持続可能な開発目標のための学び』学文社，2016 年.

地球憲章推進日本委員会『地球憲章──持続可能な未来に向けての価値と原則』ぎょうせい，2003 年.

西井麻美・藤倉まなみ・大江ひろ子・西井寿里編著『未持続可能な開発のための教育（ESD）の理論と実践』ミネルヴァ書房，2012 年.

ユネスコ『持続可能な未来のための学習』立教大学出版会，2005 年.

Ⅱ　学校教育のデザイナーとしての教員

 ESD と教育課程

 2008 年学習指導要領

　2008 年に改訂された小・中学校の学習指導要領では，ESD という言葉は直接使用されていないものの，それが一つの視点として重視されていることは明らかである。ESD とは新たな領域ではなく教育内容を捉え直す視点である。

　2008 年の学習指導要領における社会科及び地理歴史科，公民科の教育内容編成をみると，ESD は，学習のまとめとして位置付けられている課題探究学習において特に重視されていることが分かる。たとえば，中学校社会科公民的分野においては内容（4）のイは，以下のような学習をする単元として位置付けられている。

> 持続可能な社会を形成するという観点から，私たちがよりよい社会を築いていくために解決すべき課題を探究させ，自分の考えをまとめさせる。◁1

　この内容（4）のイは，公民的分野のまとめというだけではなく，中学校社会科のまとめでもある。その点については，以下のように説明されている。

> 私たちがよりよい社会を築いていくためにはどうしたらよいのかについて，持続可能な社会を形成するという観点から，課題を設けて探究し，自分の考えをまとめさせ，これから社会参画をしていくための手掛かりを得ることを主なねらいとしている。

　この観点が今回の改訂において盛り込まれたのは，社会の持続可能な発展のためには教育の果たす役割が重要であると考えられるようになったからである。

 環境教育と ESD

　環境教育は，公害学習から発展する過程において，公害の背景にある社会や経済のシステムの認識を目指したものから，環境を改善し保持するための資質を身につけた主体の育成へと目標をシフトさせてきた。そこでは，環境問題に関心を持ち，自ら情報を収集・分析し，問題について主体的に判断し態度や行動を決定する力の育成が目指されるようになっている。

　ESD の視点を取り入れた環境教育は，社会に対する事実認識だけではなく，価値認識にも踏み込むことになる。◁2 そこでは，自らの価値観を反省・再構成し，

▷1　探究学習とは，生徒が現代社会の諸課題について理解を深めたうえで，その解決に向けて主体的に取り組むことを通して，社会に関わろうとする態度を身に着けることを目指した学習である。池野範男「探究学習」日本社会科教育学会編『社会科教育事典』ぎょうせい，2000 年，pp.218－219.

▷2　かつては価値認識に踏み込むことは，価値の注入につながると考えられてきた。近年は価値注入ではなく，自主的自立的な思想形成を保障する価値教育が提案されている。桑原敏典「社会科学科としての社会科」社会認識教育学会編『新社会科教育学ハンドブック』明治図書，2012 年，pp.76-83.

それに基づく自立的な意思決定ができるようになることが目指される。しかし，よい生き方，よい社会に対する理想・価値観は人によって異なっている。そのため，何か一つの確かな正解があるというわけではない。この点が，従来の教育と大きく異なる点である。授業は正解を求めるものではなく，問題について一人ひとりが主体的に考え，他者と議論をする中で自らの解決策とその根底にある価値観を問い直し，よりよい答えを他者とともに見いだしていく過程となる。

　環境問題の解決策は一つではない。たとえば，地球温暖化の問題一つをとってみても，先進国と発展途上国では全く考え方が異なるし，先進国内でも意見が一致しているわけではない。大人ですら解決が困難な問題，子どもに取り組ませることは難し過ぎるのではないかという意見もあろう。しかし，彼ら将来それらの問題について考え，解決策を考えるための基盤は今の学校教育の使命ではなかろうか。

## ❸　伝統・文化についての学習と ESD

　ESD の視点が取り入れられた 2008 年の学習指導要領においては，伝統や文化についての学習が重視されるようになった。改訂前の中央教育審議会答申において，持続可能な社会の実現に向けては，伝統や文化への理解が不可欠であるとの認識が，社会科改訂の前提となっている。▷3 伝統や文化についての学習は，第3・4学年の地域学習や，第6学年の歴史学習の中にみられる。たとえば，学習指導要領の解説においては，第3・4学年の伝統や文化の学習については，「歴史ある建造物や街並み，祭りなどの地域の伝統や文化を受け継ぎ保護・活用しながら，地域の人々が互いに協力して，特色あるまちづくりや観光などの産業の発展に努めている地域が考えられる」と述べられていた。ここで注目されるのは，地域の伝統や文化を受け継ぎ保護するだけではなく，活用についても学ぶことが求められている点である。時代を越えて地域に受け継がれている伝統や文化を保護し，継承するだけではなく，活用し地域の活性化に役立てる事例を学ぶことが求められているのである。保護だけではなく，活用も扱うことになったということは，現在を生きる地域の一員として過去を学ぶということだけではなく，将来の世代のために現在から未来へと学びが広がったことを意味している。

## ❹　格差（貧困）の学習と ESD

　格差（貧困）の問題は，中学校社会科公民的分野や高等学校公民科の科目で取り上げられてきた。そこでは，貧困は発展途上国の問題であり，その原因は先進国との間の経済格差，発展途上国内の不安的な政治や経済システムにあるとされてきた。そのため，生徒にとって貧困は遠い国の問題であって，自分では何もできない関係のない問題として捉えられるということが課題であった。

▷3　中央教育審議会答申に示された社会科改訂の基本方針では，次のように述べられている。「我が国及び世界の成り立ちや地域構成，今日の社会経済システム，様々な伝統や文化，宗教についての理解を通して，我が国の国土や歴史に対する愛情をはぐくみ，日本人としての自覚をもって国際社会で主体的に生きるとともに，持続可能な社会の実現を目指すなど，公共的な事柄に自ら参画していく資質や能力を育成することを重視する方向で改善を図る。」（下線は筆者）

しかし，今や，貧困や経済格差は国際社会の問題ではなくなっている。格差社会という言葉に象徴されるように，日本国内においてもそれらの問題が生じている。生徒にとって貧困は遠い世界のことではなく，近い将来に我が身にも降りかかってくるかもしれない問題となったと言えよう。したがって，従来のような発展途上国に限定された捉え方に基づいた学習では，現代の貧困の問題に対処することはできない。貧困に対する固定されたイメージを払拭し広い視野からそれを捉え直して，貧困問題を解消するために将来に向けて社会的，経済的システムをいかに立て直すかを考えさせるような学習が求められるのである。

そのため，ESD としての貧困の学習は，経済成長によって問題解決を目指すものではなく，人的資源の開発によって安定した社会や経済を支えるシステム作りを視野に入れたものでなければならない。授業は，その原因を探究させるだけではなく，どうすれば貧困を克服することができるか，当事者の視点からその解決策を考えさせるものになる。

## 5 シティズンシップ教育と ESD

持続可能な社会を形成していくうえで，その構成員を育成する教育は特に重要である。そのような教育は，市民性教育またはシティズンシップ教育と呼ばれている。近年は，国家の垣根を越えて相互理解を促す国際理解教育が，グローバル・シティズンシップ教育（Global Citizenship Education）と呼ばれるようになり，シティズンシップ教育も新たな局面を迎えている。[4]

このようにシティズンシップ教育が注目されるようになった理由としては，先にあげたグローバル化の他に，社会が流動化，多様化してきたことと，社会に関心を持たず，社会に関わろうとしない人が増えてきたことなどを挙げることができる。また，政治という領域に限っても同様の現象が見られるようになり，政治離れや若者の投票率の低下を食い止めるために主権者教育が注目されるようになった。市民性教育，シティズンシップ教育，主権者教育と，言葉は違っても，それが目指すところは，いずれも持続可能な社会の形成である。

シティズンシップ教育は，個々人の内面へのかかわり方によって直接的なものと間接的なものに類型化できる。[5]直接的なものは個人の内面に関わり，たとえその自由を制約しようとも構成員を育成しようとするものである。それに対して，間接的なものは，内面にはできるだけ関わらず，関わったとしてもその自由を保持したうえで構成員を育てようとする。シティズンシップ教育に，どのような性格を役割を期待するかについては，どのような民主的社会を築いていくかということと深く関係しているのである。

（桑原敏典）

▷4 市民性教育は，特定の市民像を子どもに押し付けるものではなく，子ども自身が市民としてのあり方を追求する学習である。桑原敏典「学習者の多様性をふまえた市民性教育の実現——なりたい市民になるための社会科」唐木清志編著『「公民的資質」とは何か——社会科の過去・現在・未来を探る』東洋館出版社，2016 年，pp.106 - 115.

▷5 シティズンシップ教育の類型化については，池野範男が，構成員教育としての視点や，個人と社会の関係を視点として行っている。池野範男「グローバル時代のシティズンシップ教育——問題点と可能性：民主主義と公共の論理」日本教育学会『教育学研究』81(2)，2014 年，pp.138-149.

参考文献
渡部竜也『主権者教育論』春風社，2019 年.
桑原敏典『高校生のための主権者教育実践ハンドブック』明治図書，2017 年.
社会系教科教育学会編『社会系教科教育学研究のブレイクスルー——理論と実践の往還をめざして』風間書房，2019 年.

# 資料編

教育基本法（新旧対照）

学校教育法（抄）

| 教育基本法<br>（平成18年12月22日　法律第120号） | 改正前の教育基本法<br>（昭和22年3月31日法律第25号） |
|---|---|
| 前文<br>　我々日本国民は，たゆまぬ努力によって築いてきた民主的で文化的な国家を更に発展させるとともに，世界の平和と人類の福祉の向上に貢献することを願うものである。<br>　我々は，この理想を実現するため，個人の尊厳を重んじ，真理と正義を希求し，公共の精神を尊び，豊かな人間性と創造性を備えた人間の育成を期するとともに，伝統を継承し，新しい文化の創造を目指す教育を推進する。<br>　ここに，我々は，日本国憲法の精神にのっとり，我が国の未来を切り拓く教育の基本を確立し，その振興ひらを図るため，この法律を制定する。 | 前文<br>　われらは，さきに，日本国憲法を確定し，民主的で文化的な国家を建設して，世界の平和と人類の福祉に貢献しようとする決意を示した。この理想の実現は，根本において教育の力にまつべきものである。<br>　われらは，個人の尊厳を重んじ，真理と平和を希求する人間の育成を期するとともに，普遍的にしてしかも個性ゆたかな文化の創造をめざす教育を普及徹底しなければならない。<br>　ここに，日本国憲法の精神に則り，教育の目的を明示して，新しい日本の教育の基本を確立するため，この法律を制定する。 |
| 第一章　教育の目的及び理念<br><br>（教育の目的）<br>第一条　教育は，人格の完成を目指し，平和で民主的な国家及び社会の形成者として必要な資質を備えた心身ともに健康な国民の育成を期して行われなければならない。<br><br>（教育の目標）<br>第二条　教育は，その目的を実現するため，学問の自由を尊重しつつ，次に掲げる目標を達成するよう行われるものとする。<br>一　幅広い知識と教養を身に付け，真理を求める態度を養い，豊かな情操と道徳心を培うとともに，健やかな身体を養うこと。<br>二　個人の価値を尊重して，その能力を伸ばし，創造性を培い，自主及び自律の精神を養うとともに，職業及び生活との関連を重視し，勤労を重んずる態度を養うこと。 | 第一条　（教育の目的）　教育は，人格の完成をめざし，平和的な国家及び社会の形成者として，真理と正義を愛し，個人の価値をたつとび，勤労と責任を重んじ，自主的精神に充ちた心身ともに健康な国民の育成を期して行われなければならない。<br><br>第二条　（教育の方針）　教育の目的は，あらゆる機会に，あらゆる場所において実現されなければならない。この目的を達成するためには，学問の自由を尊重し，実際生活に即し，自発的精神を養い，自他の敬愛と協力によつて，文化の創造と発展に貢献するように努めなければならない。 |

三　正義と責任，男女の平等，自他の敬愛と協力を重
んずるとともに，公共の精神に基づき，主体的に社会
の形成に参画し，その発展に寄与する態度を養うこと。
四　生命を尊び，自然を大切にし，環境の保全に寄与
する態度を養うこと。
五　伝統と文化を尊重し，それらをはぐくんできた我
が国と郷土を愛するとともに，他国を尊重し，国際社
会の平和と発展に寄与する態度を養うこと。

（生涯学習の理念）
第三条　国民一人一人が，自己の人格を磨き，豊かな
人生を送ることができるよう，その生涯にわたって，
あらゆる機会に，あらゆる場所において学習すること
ができ，その成果を適切に生かすことのできる社会の
実現が図られなければならない。

（新設）

（教育の機会均等）
第四条　すべて国民は，ひとしく，その能力に応じた
教育を受ける機会を与えられなければならず，人種，
信条，性別，社会的身分，経済的地位又は門地によっ
て，教育上差別されない。

第三条　（教育の機会均等）　すべて国民は，ひとしく，
その能力に応ずる教育を受ける機会を与えられなけれ
ばならないものであつて，人種，信条，性別，社会的
身分，経済的地位又は門地によつて，教育上差別され
ない。

2　国及び地方公共団体は，障害のある者が，その障
害の状態に応じ，十分な教育を受けられるよう，教育
上必要な支援を講じなければならない。

（新設）

3　国及び地方公共団体は，能力があるにもかかわら
ず，経済的理由によって修学が困難な者に対して，奨
学の措置を講じなければならない。

2　国及び地方公共団体は，能力があるにもかかわら
ず，経済的理由によつて修学困難な者に対して，奨学
の方法を講じなければならない。

第二章　教育の実施に関する基本

（義務教育）
第五条　国民は，その保護する子に，別に法律で定め
るところにより，普通教育を受けさせる義務を負う。
2　義務教育として行われる普通教育は，各個人の有
する能力を伸ばしつつ社会において自立的に生きる基

第四条　（義務教育）　国民は，その保護する子女に，
九年の普通教育を受けさせる義務を負う。
（新設）

礎を培い，また，国家及び社会の形成者として必要とされる基本的な資質を養うことを目的として行われるものとする。

3　国及び地方公共団体は，義務教育の機会を保障し，その水準を確保するため，適切な役割分担及び相互の協力の下，その実施に責任を負う。

4　国又は地方公共団体の設置する学校における義務教育については，授業料を徴収しない。

（削除）

（学校教育）
第六条　法律に定める学校は，公の性質を有するものであって，国，地方公共団体及び法律に定める法人のみが，これを設置することができる。

2　前項の学校においては，教育の目標が達成されるよう，教育を受ける者の心身の発達に応じて，体系的な教育が組織的に行われなければならない。この場合において，教育を受ける者が，学校生活を営む上で必要な規律を重んずるとともに，自ら進んで学習に取り組む意欲を高めることを重視して行われなければならない。

（教員）第九条として独立

（大学）
第七条　大学は，学術の中心として，高い教養と専門的能力を培うとともに，深く真理を探究して新たな知見を創造し，これらの成果を広く社会に提供することにより，社会の発展に寄与するものとする。

2　大学については，自主性，自律性その他の大学における教育及び研究の特性が尊重されなければならない。

---

（新設）

2　国又は地方公共団体の設置する学校における義務教育については，授業料は，これを徴収しない。

第五条　（男女共学）　男女は，互に敬重し，協力し合わなければならないものであつて，教育上男女の共学は，認められなければならない。

第六条　（学校教育）　法律に定める学校は，公の性質をもつものであつて，国又は地方公共団体の外，法律に定める法人のみが，これを設置することができる。

（新設）

2　法律に定める学校の教員は，全体の奉仕者であつて，自己の使命を自覚し，その職責の遂行に努めなければならない。このためには，教員の身分は，尊重され，その待遇の適正が，期せられなければならない。

（新設）

（私立学校）

第八条　私立学校の有する公の性質及び学校教育にお
いて果たす重要な役割にかんがみ，国及び地方公共団
体は，その自主性を尊重しつつ，助成その他の適当な
方法によって私立学校教育の振興に努めなければなら
ない。

（新設）

（教員）

第九条　法律に定める学校の教員は，自己の崇高な使
命を深く自覚し，絶えず研究と修養に励み，その職責
の遂行に努めなければならない。
2　前項の教員については，その使命と職責の重要性
にかんがみ，その身分は尊重され，待遇の適正が期せ
られるとともに，養成と研修の充実が図られなければ
ならない。

【再掲】第六条　（略）
2　法律に定める学校の教員は，全体の奉仕者であつ
て，自己の使命を自覚し，その職責の遂行に努めなけ
ればならない。このためには，教員の身分は，尊重さ
れ，その待遇の適正が，期せられなければならない。

（家庭教育）

第十条　父母その他の保護者は，子の教育について第
一義的責任を有するものであって，生活のために必要
な習慣を身に付けさせるとともに，自立心を育成し，
心身の調和のとれた発達を図るよう努めるものとする。
2　国及び地方公共団体は，家庭教育の自主性を尊重
しつつ，保護者に対する学習の機会及び情報の提供そ
の他の家庭教育を支援するために必要な施策を講ずる
よう努めなければならない。

（新設）

（幼児期の教育）

第十一条　幼児期の教育は，生涯にわたる人格形成の
基礎を培う重要なものであることにかんがみ，国及び
地方公共団体は，幼児の健やかな成長に資する良好な
環境の整備その他適当な方法によって，その振興に努
めなければならない。

（新設）

（社会教育）

第十二条　個人の要望や社会の要請にこたえ，社会に
おいて行われる教育は，国及び地方公共団体によって
奨励されなければならない。

第七条　（社会教育）　家庭教育及び勤労の場所その他
社会において行われる教育は，国及び地方公共団体に
よつて奨励されなければならない。

2 国及び地方公共団体は，図書館，博物館，公民館その他の社会教育施設の設置，学校の施設の利用，学習の機会及び情報の提供その他の適当な方法によって社会教育の振興に努めなければならない。

（学校，家庭及び地域住民等の相互の連携協力）

第十三条 学校，家庭及び地域住民その他の関係者は，教育におけるそれぞれの役割と責任を自覚するとともに，相互の連携及び協力に努めるものとする。

（政治教育）

第十四条 良識ある公民として必要な政治的教養は，教育上尊重されなければならない。

2 法律に定める学校は，特定の政党を支持し，又はこれに反対するための政治教育その他政治的活動をしてはならない。

（宗教教育）

第十五条 宗教に関する寛容の態度，宗教に関する一般的な教養及び宗教の社会生活における地位は，教育上尊重されなければならない。

2 国及び地方公共団体が設置する学校は，特定の宗教のための宗教教育その他宗教的活動をしてはならない。

第三章 教育行政

（教育行政）

第十六条 教育は，不当な支配に服することなく，この法律及び他の法律の定めるところにより行われるべきものであり，教育行政は，国と地方公共団体との適切な役割分担及び相互の協力の下，公正かつ適正に行われなければならない。

2 国は，全国的な教育の機会均等と教育水準の維持向上を図るため，教育に関する施策を総合的に策定し，実施しなければならない。

---

2 国及び地方公共団体は，図書館，博物館，公民館等の施設の設置，学校の施設の利用その他適当な方法によつて教育の目的の実現に努めなければならない。

（新設）

第八条 （政治教育） 良識ある公民たるに必要な政治的教養は，教育上これを尊重しなければならない。

2 法律に定める学校は，特定の政党を支持し，又はこれに反対するための政治教育その他政治的活動をしてはならない。

第九条 （宗教教育） 宗教に関する寛容の態度及び宗教の社会生活における地位は，教育上これを尊重しなければならない。

2 国及び地方公共団体が設置する学校は，特定の宗教のための宗教教育その他宗教的活動をしてはならない。

第十条 （教育行政） 教育は，不当な支配に服することなく，国民全体に対し直接に責任を負つて行われるべきものである。

2 教育行政は，この自覚のもとに，教育の目的を遂行するに必要な諸条件の整備確立を目標として行われなければならない。

（新設）

| | |
|---|---|
| 3　地方公共団体は，その地域における教育の振興を図るため，その実情に応じた教育に関する施策を策定し，実施しなければならない。 | （新設） |
| 4　国及び地方公共団体は，教育が円滑かつ継続的に実施されるよう，必要な財政上の措置を講じなければならない。 | （新設） |
| （教育振興基本計画）<br>第十七条　政府は，教育の振興に関する施策の総合的かつ計画的な推進を図るため，教育の振興に関する施策についての基本的な方針及び講ずべき施策その他必要な事項について，基本的な計画を定め，これを国会に報告するとともに，公表しなければならない。<br>2　地方公共団体は，前項の計画を参酌し，その地域の実情に応じ，当該地方公共団体における教育の振興のための施策に関する基本的な計画を定めるよう努めなければならない。 | （新設） |
| 第四章　法令の制定 | |
| 第十八条　この法律に規定する諸条項を実施するため，必要な法令が制定されなければならない。 | 第十一条　（補則）　この法律に掲げる諸条項を実施するために必要がある場合には，適当な法令が制定されなければならない |

## 学校教育法（抄）

（昭和 22 年法律第 26 号）

### 第 1 章　総　則

**第 1 条**　この法律で，学校とは，幼稚園，小学校，中学校，義務教育学校，高等学校，中等教育学校，特別支援学校，大学及び高等専門学校とする。

**第 2 条**　学校は，国（国立大学法人法（平成 15 年法律第 112 号）第 2 条第 1 項に規定する国立大学法人及び独立行政法人国立高等専門学校機構を含む。以下同じ。），地方公共団体（地方独立行政法人法（平成十五年法律第 118 号）第 68 条第 1 項に規定する公立大学法人（以下「公立大学法人」という。）を含む。次項及び第 127 条において同じ。）及び私立学校法（昭和 24 年法律第 270 号）第 3 条に規定する学校法人（以下「学校法人」という。）のみが，これを設置することができる。

②　この法律で，国立学校とは，国の設置する学校を，公立学校とは，地方公共団体の設置する学校を，私立学校とは，学校法人の設置する学校をいう。

**第 3 条**　学校を設置しようとする者は，学校の種類に応じ，文部科学大臣の定める設備，編制その他に関する設置基準に従い，これを設置しなければならない。

**第 4 条**　次の各号に掲げる学校の設置廃止，設置者の変更その他政令で定める事項（次条において「設置廃止等」という。）は，それぞれ当該各号に定める者の認可を受けなければならない。これらの学校のうち，高等学校（中等教育学校の後期課程を含む。）の通常の課程（以下「全日制の課程」という。），夜間その他特別の時間又は時期において授業を行う課程（以下「定時制の課程」という。）及び通信による教育を行う課程（以下「通信制の課程」という。），大学の学部，大学院及び大学院の研究科並びに第百八条第 2 項の大学の学科についても，同様とする。

一　公立又は私立の大学及び高等専門学校　文部科

二　市町村（市町村が単独で又は他の市町村と共同して設立する公立大学法人を含む。次条，第 13 条第 2 項，第 14 条，第 130 条第 1 項及び第 131 条において同じ。）の設置する高等学校，中等教育学校及び特別支援学校　都道府県の教育委員会

三　私立の幼稚園，小学校，中学校，義務教育学校，高等学校，中等教育学校及び特別支援学校　都道府県知事

②　前項の規定にかかわらず，同項第 1 号に掲げる学校を設置する者は，次に掲げる事項を行うときは，同項の認可を受けることを要しない。この場合において，当該学校を設置する者は，文部科学大臣の定めるところにより，あらかじめ，文部科学大臣に届け出なければならない。

一　大学の学部若しくは大学院の研究科又は第 108 条第 2 項の大学の学科の設置であつて，当該大学が授与する学位の種類及び分野の変更を伴わないもの

二　大学の学部若しくは大学院の研究科又は第 108 条第 2 項の大学の学科の廃止

三　前二号に掲げるもののほか，政令で定める事項

③　文部科学大臣は，前項の届出があつた場合において，その届出に係る事項が，設備，授業その他の事項に関する法令の規定に適合しないと認めるときは，その届出をした者に対し，必要な措置をとるべきことを命ずることができる。

④　地方自治法（昭和 22 年法律第 67 号）第 252 条の 19 第 1 項の指定都市（以下「指定都市」という。）（指定都市が単独で又は他の市町村と共同して設立する公立大学法人を含む。）の設置する高等学校，中等教育学校及び特別支援学校については，第 1 項の規定は，適用しない。この場合において，当該高等学校，中等教育学校及び特別支援学校を設置する者は，同項の規定により認可を受けなければならないとされている事項を行おうとするときは，あらかじめ，都道府県の教育委員会に届け出なければなら

ない。

⑤　第2項第1号の学位の種類及び分野の変更に関する基準は，文部科学大臣が，これを定める。

**第4条の2**　市町村は，その設置する幼稚園の設置廃止等を行おうとするときは，あらかじめ，都道府県の教育委員会に届け出なければならない。

**第5条**　学校の設置者は，その設置する学校を管理し，法令に特別の定のある場合を除いては，その学校の経費を負担する。

**第6条**　学校においては，授業料を徴収することができる。ただし，国立又は公立の小学校及び中学校，義務教育学校，中等教育学校の前期課程又は特別支援学校の小学部及び中学部における義務教育については，これを徴収することができない。

**第7条**　学校には，校長及び相当数の教員を置かなければならない。

**第8条**　校長及び教員（教育職員免許法（昭和24年法律第147号）の適用を受ける者を除く。）の資格に関する事項は，別に法律で定めるもののほか，文部科学大臣がこれを定める。

**第9条**　次の各号のいずれかに該当する者は，校長又は教員となることができない。

一　成年被後見人又は被保佐人

二　禁錮以上の刑に処せられた者

三　教育職員免許法第10条第1項第2号又は第3号に該当することにより免許状がその効力を失い，当該失効の日から3年を経過しない者

四　教育職員免許法第11条第1項から第3項までの規定により免許状取上げの処分を受け，3年を経過しない者

五　日本国憲法施行の日以後において，日本国憲法又はその下に成立した政府を暴力で破壊することを主張する政党その他の団体を結成し，又はこれに加入した者

**第10条**　私立学校は，校長を定め，大学及び高等専門学校にあつては文部科学大臣に，大学及び高等専門学校以外の学校にあつては都道府県知事に届け出

なければならない。

**第11条**　校長及び教員は，教育上必要があると認めるときは，文部科学大臣の定めるところにより，児童，生徒及び学生に懲戒を加えることができる。ただし，体罰を加えることはできない。

**第12条**　学校においては，別に法律で定めるところにより，幼児，児童，生徒及び学生並びに職員の健康の保持増進を図るため，健康診断を行い，その他その保健に必要な措置を講じなければならない。

**第13条**　第4条第1項各号に掲げる学校が次の各号のいずれかに該当する場合においては，それぞれ同項各号に定める者は，当該学校の閉鎖を命ずることができる。

一　法令の規定に故意に違反したとき

二　法令の規定によりその者がした命令に違反したとき

三　6箇月以上授業を行わなかつたとき

②　前項の規定は，市町村の設置する幼稚園に準用する。この場合において，同項中「それぞれ同項各号に定める者」とあり，及び同項第二号中「その者」とあるのは，「都道府県の教育委員会」と読み替えるものとする。

**第14条**　大学及び高等専門学校以外の市町村の設置する学校については都道府県の教育委員会，大学及び高等専門学校以外の私立学校については都道府県知事は，当該学校が，設備，授業その他の事項について，法令の規定又は都道府県の教育委員会若しくは都道府県知事の定める規程に違反したときは，その変更を命ずることができる。

**第15条**　文部科学大臣は，公立又は私立の大学及び高等専門学校が，設備，授業その他の事項について，法令の規定に違反していると認めるときは，当該学校に対し，必要な措置をとるべきことを勧告することができる。

②　文部科学大臣は，前項の規定による勧告によつてもなお当該勧告に係る事項（次項において「勧告事項」という。）が改善されない場合には，当該学校

に対し，その変更を命ずることができる。

③　文部科学大臣は，前項の規定による命令によつてもなお勧告事項が改善されない場合には，当該学校に対し，当該勧告事項に係る組織の廃止を命ずることができる。

④　文部科学大臣は，第1項の規定による勧告又は第二項若しくは前項の規定による命令を行うために必要があると認めるときは，当該学校に対し，報告又は資料の提出を求めることができる。

### 第2章　義務教育

**第16条**　保護者（子に対して親権を行う者（親権を行う者のないときは，未成年後見人）をいう。以下同じ。）は，次条に定めるところにより，子に九年の普通教育を受けさせる義務を負う。

**第17条**　保護者は，子の満6歳に達した日の翌日以後における最初の学年の初めから，満12歳に達した日の属する学年の終わりまで，これを小学校，義務教育学校の前期課程又は特別支援学校の小学部に就学させる義務を負う。ただし，子が，満12歳に達した日の属する学年の終わりまでに小学校の課程，義務教育学校の前期課程又は特別支援学校の小学部の課程を修了しないときは，満15歳に達した日の属する学年の終わり（それまでの間においてこれらの課程を修了したときは，その修了した日の属する学年の終わり）までとする。

②　保護者は，子が小学校の課程，義務教育学校の前期課程又は特別支援学校の小学部の課程を修了した日の翌日以後における最初の学年の初めから，満15歳に達した日の属する学年の終わりまで，これを中学校，義務教育学校の後期課程，中等教育学校の前期課程又は特別支援学校の中学部に就学させる義務を負う。

③　前2項の義務の履行の督促その他これらの義務の履行に関し必要な事項は，政令で定める。

**第18条**　前条第1項又は第2項の規定によつて，保護者が就学させなければならない子（以下それぞれ「学齢児童」又は「学齢生徒」という。）で，病弱，発育不完全その他やむを得ない事由のため，就学困難と認められる者の保護者に対しては，市町村の教育委員会は，文部科学大臣の定めるところにより，同条第1項又は第2項の義務を猶予又は免除することができる。

**第19条**　経済的理由によつて，就学困難と認められる学齢児童又は学齢生徒の保護者に対しては，市町村は，必要な援助を与えなければならない。

**第20条**　学齢児童又は学齢生徒を使用する者は，その使用によつて，当該学齢児童又は学齢生徒が，義務教育を受けることを妨げてはならない。

**第21条**　義務教育として行われる普通教育は，教育基本法（平成18年法律第120号）第5条第2項に規定する目的を実現するため，次に掲げる目標を達成するよう行われるものとする。

一　学校内外における社会的活動を促進し，自主，自律及び協同の精神，規範意識，公正な判断力並びに公共の精神に基づき主体的に社会の形成に参画し，その発展に寄与する態度を養うこと。

二　学校内外における自然体験活動を促進し，生命及び自然を尊重する精神並びに環境の保全に寄与する態度を養うこと。

三　我が国と郷土の現状と歴史について，正しい理解に導き，伝統と文化を尊重し，それらをはぐくんできた我が国と郷土を愛する態度を養うとともに，進んで外国の文化の理解を通じて，他国を尊重し，国際社会の平和と発展に寄与する態度を養うこと。

四　家族と家庭の役割，生活に必要な衣，食，住，情報，産業その他の事項について基礎的な理解と技能を養うこと。

五　読書に親しませ，生活に必要な国語を正しく理解し，使用する基礎的な能力を養うこと。

六　生活に必要な数量的な関係を正しく理解し，処理する基礎的な能力を養うこと。

七　生活にかかわる自然現象について，観察及び実

験を通じて，科学的に理解し，処理する基礎的な能力を養うこと。

八　健康，安全で幸福な生活のために必要な習慣を養うとともに，運動を通じて体力を養い，心身の調和的発達を図ること。

九　生活を明るく豊かにする音楽，美術，文芸その他の芸術について基礎的な理解と技能を養うこと。

十　職業についての基礎的な知識と技能，勤労を重んずる態度及び個性に応じて将来の進路を選択する能力を養うこと。

### 第4章　小学校

**第29条**　小学校は，心身の発達に応じて，義務教育として行われる普通教育のうち基礎的なものを施すことを目的とする。

**第30条**　小学校における教育は，前条に規定する目的を実現するために必要な程度において第21条各号に掲げる目標を達成するよう行われるものとする。

②　前項の場合においては，生涯にわたり学習する基盤が培われるよう，基礎的な知識及び技能を習得させるとともに，これらを活用して課題を解決するために必要な思考力，判断力，表現力その他の能力をはぐくみ，主体的に学習に取り組む態度を養うことに，特に意を用いなければならない。

**第31条**　小学校においては，前条第1項の規定による目標の達成に資するよう，教育指導を行うに当たり，児童の体験的な学習活動，特にボランティア活動など社会奉仕体験活動，自然体験活動その他の体験活動の充実に努めるものとする。この場合において，社会教育関係団体その他の関係団体及び関係機関との連携に十分配慮しなければならない。

**第32条**　小学校の修業年限は，6年とする。

**第33条**　小学校の教育課程に関する事項は，第29条及び第30条の規定に従い，文部科学大臣が定める。

**第34条**　小学校においては，文部科学大臣の検定を経た教科用図書又は文部科学省が著作の名義を有する教科用図書を使用しなければならない。

②　前項に規定する教科用図書（以下この条において「教科用図書」という。）の内容を文部科学大臣の定めるところにより記録した電磁的記録（電子的方式，磁気的方式その他人の知覚によつては認識することができない方式で作られる記録であつて，電子計算機による情報処理の用に供されるものをいう。）である教材がある場合には，同項の規定にかかわらず，文部科学大臣の定めるところにより，児童の教育の充実を図るため必要があると認められる教育課程の一部において，教科用図書に代えて当該教材を使用することができる。

③　前項に規定する場合において，視覚障害，発達障害その他の文部科学大臣の定める事由により教科用図書を使用して学習することが困難な児童に対し，教科用図書に用いられた文字，図形等の拡大又は音声への変換その他の同項に規定する教材を電子計算機において用いることにより可能となる方法で指導することにより当該児童の学習上の困難の程度を低減させる必要があると認められるときは，文部科学大臣の定めるところにより，教育課程の全部又は一部において，教科用図書に代えて当該教材を使用することができる。

④　教科用図書及び第2項に規定する教材以外の教材で，有益適切なものは，これを使用することができる。

⑤　第1項の検定の申請に係る教科用図書に関し調査審議させるための審議会等（国家行政組織法（昭和23年法律第120号）第8条に規定する機関をいう。以下同じ。）については，政令で定める。

**第35条**　市町村の教育委員会は，次に掲げる行為の一又は二以上を繰り返し行う等性行不良であつて他の児童の教育に妨げがあると認める児童があるときは，その保護者に対して，児童の出席停止を命ずることができる。

一　他の児童に傷害，心身の苦痛又は財産上の損失を与える行為

二　職員に傷害又は心身の苦痛を与える行為

三 施設又は設備を損壊する行為

四 授業その他の教育活動の実施を妨げる行為

② 市町村の教育委員会は，前項の規定により出席停止を命ずる場合には，あらかじめ保護者の意見を聴取するとともに，理由及び期間を記載した文書を交付しなければならない。

③ 前項に規定するもののほか，出席停止の命令の手続に関し必要な事項は，教育委員会規則で定めるものとする。

④ 市町村の教育委員会は，出席停止の命令に係る児童の出席停止の期間における学習に対する支援その他の教育上必要な措置を講ずるものとする。

**第36条** 学齢に達しない子は，小学校に入学させることができない。

**第37条** 小学校には，校長，教頭，教諭，養護教諭及び事務職員を置かなければならない。

② 小学校には，前項に規定するもののほか，副校長，主幹教諭，指導教諭，栄養教諭その他必要な職員を置くことができる。

③ 第一項の規定にかかわらず，副校長を置くときその他特別の事情のあるときは教頭を，養護をつかさどる主幹教諭を置くときは養護教諭を，特別の事情のあるときは事務職員を，それぞれ置かないことができる。

④ 校長は，校務をつかさどり，所属職員を監督する。

⑤ 副校長は，校長を助け，命を受けて校務をつかさどる。

⑥ 副校長は，校長に事故があるときはその職務を代理し，校長が欠けたときはその職務を行う。この場合において，副校長が二人以上あるときは，あらかじめ校長が定めた順序で，その職務を代理し，又は行う。

⑦ 教頭は，校長（副校長を置く小学校にあつては，校長及び副校長）を助け，校務を整理し，及び必要に応じ児童の教育をつかさどる。

⑧ 教頭は，校長（副校長を置く小学校にあつては，校長及び副校長）に事故があるときは校長の職務を

代理し，校長（副校長を置く小学校にあつては，校長及び副校長）が欠けたときは校長の職務を行う。この場合において，教頭が二人以上あるときは，あらかじめ校長が定めた順序で，校長の職務を代理し，又は行う。

⑨ 主幹教諭は，校長（副校長を置く小学校にあつては，校長及び副校長）及び教頭を助け，命を受けて校務の一部を整理し，並びに児童の教育をつかさどる。

⑩ 指導教諭は，児童の教育をつかさどり，並びに教諭その他の職員に対して，教育指導の改善及び充実のために必要な指導及び助言を行う。

⑪ 教諭は，児童の教育をつかさどる。

⑫ 養護教諭は，児童の養護をつかさどる。

⑬ 栄養教諭は，児童の栄養の指導及び管理をつかさどる。

⑭ 事務職員は，事務をつかさどる。

⑮ 助教諭は，教諭の職務を助ける。

⑯ 講師は，教諭又は助教諭に準ずる職務に従事する。

⑰ 養護助教諭は，養護教諭の職務を助ける。

⑱ 特別の事情のあるときは，第1項の規定にかかわらず，教諭に代えて助教諭又は講師を，養護教諭に代えて養護助教諭を置くことができる。

⑲ 学校の実情に照らし必要があると認めるときは，第9項の規定にかかわらず，校長（副校長を置く小学校にあつては，校長及び副校長）及び教頭を助け，命を受けて校務の一部を整理し，並びに児童の養護又は栄養の指導及び管理をつかさどる主幹教諭を置くことができる。

**第38条** 市町村は，その区域内にある学齢児童を就学させるに必要な小学校を設置しなければならない。ただし，教育上有益かつ適切であると認めるときは，義務教育学校の設置をもつてこれに代えることができる。

**第39条** 市町村は，適当と認めるときは，前条の規定による事務の全部又は一部を処理するため，市町村の組合を設けることができる。

**第40条** 市町村は，前2条の規定によることを不可能又は不適当と認めるときは，小学校又は義務教育学校の設置に代え，学齢児童の全部又は一部の教育事務を，他の市町村又は前条の市町村の組合に委託することができる。

② 前項の場合においては，地方自治法第252条の14第3項において準用する同法第252条の2の2第2項中「都道府県知事」とあるのは，「都道府県知事及び都道府県の教育委員会」と読み替えるものとする。

**第41条** 町村が，前2条の規定による負担に堪えないと都道府県の教育委員会が認めるときは，都道府県は，その町村に対して，必要な補助を与えなければならない。

**第42条** 小学校は，文部科学大臣の定めるところにより当該小学校の教育活動その他の学校運営の状況について評価を行い，その結果に基づき学校運営の改善を図るため必要な措置を講ずることにより，その教育水準の向上に努めなければならない。

**第43条** 小学校は，当該小学校に関する保護者及び地域住民その他の関係者の理解を深めるとともに，これらの者との連携及び協力の推進に資するため，当該小学校の教育活動その他の学校運営の状況に関する情報を積極的に提供するものとする。

**第44条** 私立の小学校は，都道府県知事の所管に属する。

**執筆者紹介**（執筆順，執筆担当）

梶原　敏（かじわら さとし，岡山大学大学院教育学研究科）　I-1

大倉 尚志（おおくら ひさし，岡山大学大学院教育学研究科）　I-2

服部 康正（はっとり やすまさ，岡山大学大学院教育学研究科）　I-3，コラム1

今井 康好（いまい やすよし，編著者，創志学園高等学校校長）　I-4，コラム2

三村由香里（みむら ゆかり，岡山大学大学院教育学研究科）　I-5

上村 弘子（かみむら ひろこ，岡山大学大学院教育学研究科）　I-6

高瀬　淳（たかせ あつし，編著者，岡山大学大学院教育学研究科）　I-7，II-2，3，4，5，6，8，9

内藤 憲二（ないとう けんじ，岡山大学大学院教育学研究科）　コラム3

小林清太郎（こばやし せいたろう，岡山大学教師教育開発センター）　コラム4

森安 史彦（もりやす ふみひこ，編著者，岡山大学教育学部附属中学校）　I-8，9

槇野 滋子（まきの しげこ，岡山大学大学院教育学研究科）　I-10，コラム5

前田　潔（まえだ きよし，岡山大学大学院教育学研究科）　コラム6

赤木 恭吾（あかぎ きょうご，岡山大学大学院教育学研究科）　I-11

橋本 拓治（はしもと たくじ，岡山大学教師教育開発センター）　I-12

高橋 典久（たかはし のりひさ，国立教育政策研究所）　I-13，コラム7，8

宮崎 善郎（みやざき よしお，岡山大学大学院教育学研究科）　I-14

山口 健二（やまぐち けんじ，編著者，岡山大学大学院教育学研究科）　II-1，5，6，8，9，11

高旗 浩志（たかはた ひろし，岡山大学教師教育開発センター）　II-7

佐藤 博志（さとう ひろし，筑波大学人間系教育学域）　II-8

熊谷愼之輔（くまがい しんのすけ，岡山大学大学院教育学研究科）　II-10，12

川田　力（かわだ つとむ，岡山大学大学院教育学研究科）　II-13

桑原 敏典（くわばら としのり，岡山大学大学院教育学研究科）　II-14

教職論ハンドブック［改訂版］

| 2011年 4 月20日 | 初　版第 1 刷発行 | 〈検印省略〉 |
| 2017年 5 月30日 | 初　版第 4 刷発行 | |
| 2020年 7 月10日 | 改訂版第 1 刷発行 | |
| 2023年12月20日 | 改訂版第 3 刷発行 | |

定価はカバーに
表示しています

|      |   |   |   |   |
| 編著者 | 山 | 口 | 健 | 二 |
|      | 髙 | 瀬 |   | 淳 |
|      | 今 | 井 | 康 | 好 |
|      | 森 | 安 | 史 | 彦 |
| 発行者 | 杉 | 田 | 啓 | 三 |
| 印刷者 | 中 | 村 | 勝 | 弘 |

発 行 所　株式会社　ミネルヴァ書房
607-8494 京都市山科区日ノ岡堤谷町 1
電話(075)581-5191／振替01020-0-8076

©山口，髙瀬，今井，森安ほか，2020　中村印刷・新生製本

ISBN 978-4-623-08981-9
Printed in Japan

## 小学校教育用語辞典

細尾萌子・柏木智子編集代表 　　　　　　　　　　　　　四六判　408頁　本体2400円

●小学校教育に関わる人名・事項1179項目を19の分野に分けて収録。初学者にもわかりやすい解説の「読む」辞典。小学校教員として知っておくべき幼稚園教育や校種間の連携・接続に関する事項もカバーした。教師を目指す学生，現役の教師の座右の書となる一冊。

## カリキュラム研究事典

C・クライデル編　西岡加名恵・藤本和久・石井英真・田中耕治監訳

B5判函入り　834頁　本体22,000円

●カリキュラム論の発祥地・アメリカ編まれた事典。基本的なキーワードの解説に加えて周辺にあるコンセプトや研究機関の解説まで、全505項目を収録。簡潔で明快な解説で「読む事典」として活用できる。

## 事例で学ぶ学校の安全と事故防止

添田久美子・石井拓児編著 　　　　　　　　　　　　　B5判　156頁　本体2400円

●「事故は起こるもの」と考えるべき。授業中，登下校時，部活の最中，給食で…，児童・生徒が巻き込まれる事故が起こったとき，あなたは──。学校の内外での多様な事故について，何をどのように考えるのか，防止のためのポイントは何か，指導者が配慮すべき点は何か，を具体的にわかりやすく，裁判例も用いながら解説する。学校関係者必携の一冊。

## びわ湖のほとりで35年続くすごい授業
### ──滋賀大附属中学校が実践してきた主体的・対話的で深い学び

山田奨治・滋賀大学教育学部附属中学校著 　　　　　　A5判　188頁　本体2200円

●総合学習の発祥の地ともいえる滋賀大学附属中学校で展開する総合学習の3つの柱，「BIWAKO TIME」と「情報の時間」「COMMUNICATION TIME」の実際を紹介する。総合学習で身につけた知識や技能が，教科の学習をより自発的で参加型のものに変えていく過程，その影響が生徒のみならず教員にも及び，教員の授業スタイルも変化していく過程，すなわち，学習指導要領がいう「主体的・対話的で深い学び」が目指す方向へ変化する過程を紹介する。

──── ミネルヴァ書房 ────

https://www.minervashobo.co.jp